升级修订版

打开
心理成长
之门

内心的重建

维尼老师

——

著

湖南文艺出版社
HUNAN LITERATURE AND ART PUBLISHING HOUSE

博集天卷
CS-BOOKY

RECOMMEND

王占郡　北京中亲联教育科技研究院院长

从某种程度上说，人是由其先天后天环境编程的一台自动化的机器，由于认知和情绪的局限和不足，我们很难说我们是自己的主人，而要冲出这些限制对多数人而言是非常不容易的。维尼老师的新作《内心的重建》在浅显流畅的行文中，融入了易懂的理论和丰富的案例，对期待自我成长和内心平静的读者而言，是难得的选择。

贾容韬　中国家庭教育十佳公益人物，《改变孩子先改变自己》作者

如何驾驭自己的情绪？如何改善孩子的性格和行为？这是每一位父母所关注甚至渴望知道答案的。现实中，不少父母苦于找不到有效的途径。读维尼老师的新书，有一种耳目一新的感觉，处于困惑之中的父母会因书中的理念和方法而受益。值得推荐。

刘称莲　《陪孩子走过小学六年》作者，家庭教育指导师

这是一本完整解读认知疗法的书，读罢有种"拿到金钥匙"的感觉。全书用生动的案例，对认知的形成、认知的影响，以及如何改变认知，都做了详细的讲解，是一本非常实用的书。

海文颖 浩途家庭俱乐部创始人，《接纳力》作者

维尼老师在本书中提出了一些独特创新的理念和方法，解析了适用于普通人的心理成长规律，帮助普通人实现自我成长。我很感动于维尼老师所做的努力，所以，我很愿意推荐这本书给大家。一念之转，每个人都有机会拥有完全不同的生活。

苏家胜 三五家教法创始人

每个人都在自己不同的际遇中，建构自己的心理大厦，或宏伟强大，或弱不禁风。《内心的重建》一书，把人的心理成长置于科学的轨道之上，从根本上促进人的心理的有效调适与健康发展，进而体现出本书独到的价值。

冉乃彦 著名教育专家

维尼老师十分注重理论与实际的结合，善于独立思考，在实践中提出自己的理念，用通俗易懂的语言解读深奥的心理学理论，新著《内心的重建》值得推荐。

曹雪敏 上海市心理学会成员，门萨会员

自我的改变是个缓慢而曲折的过程，要有耐心和勇气挖得足够深，把改变的种子种在内心深处，人生根本性的改变才会扎实地发生，这就是为什么我们要关注认知。认知和行为互相影响，真正的改变一定同时伴随着认知和行为的改变，祝开卷有益。

史宇 心理医生

《内心的重建》给我们搭建了一个安全的关注自我、了解自我的平台。在喧嚣的生活中，也该听听自己内心的声音了。永远不要忽略了自己的需求，一边读书，一边完成个人成长吧！

PRAISE

读 者 好 评

一位老师

17 年前，我认识了维尼老师。那时我陷入了心理危机，一度非常迷茫，对于过去耿耿于怀，迷惑为什么多年拼搏奋斗之后还是伤痕累累。维尼老师说，直接造成所谓伤痕的其实不是过去的经历，而是对经历的认知。所以，改变了认知，就能从过去的经历中解脱出来。认知疗法看似简单，但对我来说却是开启了改变之门。经过多年的努力，我终于彻底走出了心理困境。感谢维尼老师，感谢认知疗法。

一位德国华人妈妈

我是一个容易纠结、太过执着的人。曾经有一次，德国邻居多看了我一眼，我执着地认为她一定对我有歧视，于是我心生抱怨，开始焦虑，以至于都要抑郁了。后来我在维尼老师这里咨询。维尼老师的理念不但让我放下了执着，也让我的心态发生了很大的变化。特别是维尼老师说的"很正常，没什么"，在我看来，就是佛法在生活中的应用。这六个字看起来很简单，但是它的用处非常大，让我学会了放下执着，心情保持平静，学会接纳他人，接纳事实，从而有智慧地解决问题。

一位妈妈

我的孩子上高一，有段时间陷入了抑郁的情绪之中，省医院诊断他有精神症状，建议住院治疗。维尼老师和孩子详谈后判断孩子只是暂时情绪低落，所谓的精神症状其实是可以理解的正常现象。经过多次和维尼老师的交流，困扰孩子的一些认知问题和现实困扰都得到了解决，孩子情况越来越好，不到一个月各方面都很正常了。真是庆幸当初听取了维尼老师的建议啊！

郑州成成妈董柯

读这本书的感觉，就像身处繁杂的闹市中，突然出现一个舒适的驿站，让疲惫、焦躁的身心得以停靠，原本只是想休息一下，但惊喜竟然源源不断，就像为自己量身定制的一样，这颗心亟待补充的各种能量在这里得到了最有效的补给。无论是学习中遇到的困难，还是工作中遇到的瓶颈，或是婚恋中遇到的纠结，以及心灵成长中的种种困惑，维尼老师用平实的语言把西方心理科学和东方儒释道哲学解释成你我都懂的说法，结合大量真实的案例深入剖析，答疑解惑，实用性和实操性非常强，相信在阅读中你一定会暗自惊呼："这不是在说我吗？""这样做一点也不难啊！"好吧，让我们赶快开始享受这份珍贵的精神大餐吧。

一位来访者

我高中时深受成功学的影响，那时的我追求完美，事事要求尽善尽美，目标也定得很高，但因为个人能力有限，往往达不到自己的要求，所以经常陷入自责之中，出现了不少心理问题。2000 年时我结识了维尼老师，老师帮助我慢慢改变那些不合理的认知，学习新的思维模式，比如努力之后顺其自然、做自己能做的事情、三种思维等。认知改变了，情绪就不那么容易低落和痛苦了。慢慢地，我学会了调节情绪，很多问题也逐渐消失了。感谢维尼老师。

一位读者

我从维尼老师的《顺应心理，孩子更合作》中受益颇多，如今新作《内心的重建》即将面世，在这个浮躁的时代，维尼老师默默地埋头做个案研究，潜心写文章，将心智成熟的经验一点点提炼升华，让认知疗法的精要在他的理论架构中一步步拓展深化，所有的心血汇集成这本新书。在有幸试读书稿时，我惊喜地发现老师提出的"三种思维"等认知模式已经不知不觉渗透到我每天的生活中，成为我内心稳定的锚点，抚平我内心的焦虑，让我放下纠结。期望更多的人能从中受益。

一位读者

一直觉得自己是个心理有问题的人，因为我经常觉得活着没意思，活着很累。有一段时间，我陷入痛苦之中无法自拔，寻求维尼老师的帮助。维尼老师分析说，我受到了励志书籍太多的负面影响，所以不肯接纳现在的自己，太勉强自己，他建议我运用认知疗法获得心理成长。在维尼老师的指导下，当有不良情绪时，我开始学会去识别情绪背后不合理的习惯性思维，逐渐建立合理的习惯性思维。逐渐地，我的心态变好了，世界也变得美好了。认知改变，是我人生美好的开始！真心地感谢维尼老师！

RECOMMEND

人 生 是 一 场 长 跑

方 敏

瀚思心理大数据研究院院长
深圳市积极心理学协会秘书长

　　认识维尼老师是在一次学术讲座上，他真诚、亲和的笑脸，扎实接地气的心理学、家庭教育理念给人留下了深刻的印象。当今的社会竞争激烈，压力越来越大，很多人常常处于紧张焦虑之中。如何在竞争激烈的社会保持平和稳定的心态，如何在繁忙的工作生活之余找到心理幸福的钥匙，这是维尼老师所关心的。他关注普通人的心理成长，用心理学的规律、方法帮助普通人改善自己的情绪、行为、性格，获得幸福。

　　很多人都觉得性格、情绪、行为难以改变，这其实是因为没掌握方法，就像锁上的门，使出全身的力气也难以推开，有了钥匙就简单多了，改变认知的方法就是心理成长的钥匙之一。维尼老师在刚涉猎心理学的六七年里，每天花两三个甚至六七个小时来学习、思考，对自己遇到的情绪、行为等问题进行梳理，分析其中的心理机制，探索心理规律，摸索解决的方法，识别和改变不合理的认知，建立合理的认知，形成习惯性思维。经过二十多年的不断内省和反思，维尼老师解决了自己的困扰，并将改变认知的方法用在了心理咨询和家庭教育研究上，迅速得到了广大读者的认可，使很多人的心态发生了积极的变化，也使其改善了亲子关系、夫妻关系、同事关系。

维尼老师在工作中接触了大量的个案，这在他的文字中也有体现，书中有很多生动有趣的案例。他将心理成长的理论融入一个个可作为范例的故事中，在故事中解决了困扰大家的心理问题。这样便于读者理解和运用。这些案例都来自我们所熟悉的现实生活，很多人可以从中看到自己的影子。

在心理学领域，大多数学院派的老师都注重科研，很少做咨询。而维尼老师善于从自身的成长以及心理咨询过程中逐渐总结归纳出理论和方法，所以其中很多创新的理念和观点非常实用、接地气。比如有些心理学家强调我们的不快乐来自童年，所以很多人拿着放大镜到回忆中去寻找童年种种被伤害的经历，这让人很是痛苦。而维尼老师则认为虽然心理、性格的形成和父母的教育有关，但是把责任推给父母对问题的解决是没有帮助的，还是要自己负起责任来，解决现在的问题。维尼老师常常用寥寥数语就道出了事情的真谛，看到积极的一面，"很正常，没什么"，"做好我能做的事情，对结果顺其自然"，简单几句话就厘清了怎么做和怎么想的界限。书中还有许多朗朗上口的"箴言"，虽然简洁，却寓意深刻，对于心态改善很有帮助。

在成功学和励志课程大行其道的当下，维尼老师指出："成功学是一柄双刃剑。"成功学如果运用不当则害人不浅，是造成心理问题的最常见根源。比如成功学有句名言：只要努力，梦想就一定能实现。很多人对此深信不疑，有位女士刚开始做销售工作时就希望做到最好，为此压力很大，焦虑到失眠。有的家长教育孩子一定要考上名牌大学，重压之下，孩子有了强迫症、抑郁症，最终厌学。维尼老师汲取传统文化中的精华，来帮助人们把握好人生的平衡。他告诉我们，放下过度的执着（禅宗）；努力去做，对结果顺其自然（儒家）；做好你能做的事情，其他的顺其自然（道家）……这样既能保持积极进取，又能避免因压力太大而造成内耗，反而会做得更好。人生是一场长跑，保持稳定的心态才能长久。

维尼老师的文字让人明白心理学并不艰深，而是隐藏在日常生活中的每一个当下。把深深的祝福送给维尼老师，也祝福朋友们读了维尼老师的书以后可以找到打开心门的钥匙！

RECOMMEND

王占郡

中亲联教育科技研究院院长
中国教育学会家庭教育专业委员会理事

　　与维尼老师相识源于他的《顺应心理，孩子更合作》，当时维尼老师已是网络上知名的家庭教育专家，《顺应心理，孩子更合作》出版后更是受到了读者广泛的好评和欢迎。2015 年我创办的亲子教育公益微课《百家谈》所邀请的第二位嘉宾就是维尼老师。还记得维尼老师讲座的主题是《心理学中人本主义、行为疗法、认知疗法在家庭教育中的应用》。维尼老师对心理学的理解透彻到位，他创造性地把心理学的精妙原理运用在家庭教育之中，理念和方法实用，可操作性强，符合中国家庭教育的实际。特别值得一提的是，维尼老师把认知疗法应用到父母的情绪控制和孩子的性格培养上，可以说这是开创性的工作。维尼老师的读者说，通过读《顺应心理，孩子更合作》，自己不但提高了家庭教育水平，还在心态、人际关系等方面有了明显的改善。

　　我了解到维尼老师并非心理学专业出身，所以惊讶于他为什么在心理学方面具备这样深厚的功底。后来我才知道，他直接学习西方的心理学名著，并汲取传统文化的营养，已经在心理成长方面独自潜心学习、实践、思考了二十多年，在这个浮躁的社会，这种坚持是罕见的。所以，他在心理学方面有独特而厚重的积淀就不足为奇了。他通过这种成长，不但让自己拥有了更加健康的心理，也帮助了很多来访者。实践证明，他的理念和方法是有效的。

每个人都想驾驭情绪和行为，做自己心理的主人，但是往往发现自己并不能自由地支配自己的情绪和行为，甚至思维。从某种程度上说，人是由其先天后天环境编程的一台自动化的机器，由于认知和情绪的局限和不足，我们很难说是自己的主人，而要冲出这些限制对多数人而言是非常不容易的。

现在，我很高兴看到维尼老师把二十多年潜心研究而得到的心理成长的宝贵成果写成这本书，毫无保留地奉献给读者。很多读者都需要得到进一步成长，可是往往苦于不了解心理学的规律、读不懂自己、找不到有效的方法，进而陷入迷茫之中。有了维尼老师对心理学深入浅出的解析，有了这些实用、接地气、可操作性强的方法，相信读者会拨开迷雾，找到成长的坦途。

维尼老师的心理成长体系以认知疗法为主，着重去改变影响我们情绪和行为的不合理认知，形成新的合理的习惯性思维，情绪和行为也就进入了我们期待的轨道。

维尼老师在浅显流畅的行文中，融入了易懂的理论和丰富的案例，让人读起来轻松愉快，有着良好的阅读体验。对期待自我成长和内心平静的读者而言，本书是难得的选择。

读者们需要留意的是，并非所有的负面情绪都是多余的。在现实冲突面前，适当保留一些诸如焦虑、愤怒等情绪，有时会有利于我们去争取更多的生存利益，至于何处是平衡点，也是读者们自己需要选择和担起的一个挑战。

是为序。

RECOMMEND

合 理 的 认 知 ， 全 新 的 生 活

海夫人

畅销书《爱是最好的良方》作者

很多读者对维尼老师的家庭教育畅销书《顺应心理，孩子更合作》记忆犹新，这本书很实用，且分享了很多具体的事例，阐述了维尼老师在心理学基础之上的独具特色的顺应心理家庭教育理念。

孩子是父母的镜子，当孩子出现问题时，这也是在提醒父母，成长不仅仅是孩子的任务，并不仅仅只是属于孩子，大家都需要学习、进步、成长。

教育的本质就是家长的自我成长。

您看了那么多亲子教育方面的书，学习了那么多亲子家教类的课程，那么您是否看过一本如何更好地认识自己、了解自己、帮助自己，让自己进步并且成长的成人心理、心智类书籍呢？建议您看看维尼老师的新作——《内心的重建》。

对于心理学，不少人觉得高深莫测，不少人觉得望尘莫及，先别说普通人对心理学的理解不到位，即便是一些所谓的专业人士，对心理学的理解也有可能复杂化。

我曾经被拉进一个比较大的心理学专业人士和心理学爱好者的微信群，群里经常会有一些心理学培训相关信息，一些心理学沙龙邀请，偶尔那些专业的心理咨询师也会分享他们的咨询个案，大家一起讨论交流。有一次我看到一位咨询师洋洋洒洒发了一大通他和来访者的对话，对话中来访者的话不多，咨询师的话很多，并且基本都是比较生僻的专业术语，这些术语确实能堆砌起庞大的专业架势，但是来访者又能听懂多少呢？这样的心理学或许更适合学术交流，但不适合普通人在生活中运用。而维尼老师的新作最大的特点就是实用、接地气、通俗易懂。大道至简，深入浅出，只有透彻地理解了心理学的原理，才有可能用浅显的话语来阐释，这是真正体现功力的。

《内心的重建》针对普通人在情绪、行为、性格诸方面的常见问题、困惑进行解读。维尼老师提出了很多新鲜、独特的可操作的理念和方法，把认知疗法融于生活的方方面面，从而让您在不知不觉中就能领会这些心理调节的方法。合理的认知，全新的生活，心理得到成长，获得美好生活就是自然而然的事情了。

父母如果能够重新得到成长，在言传身教之下，潜移默化之中，对孩子的良好影响会自然而然发生。父母的每一点成长、进步，不仅属于自己，也属于整个家庭。孩子、家人的心理健康，从自己的心理成长开始。

PREFACE

自序 | 美好人生，
从改善认知开始

如何改善性格？如何保持心态的平衡？如何做自己情绪和行为的主人？如何面对压力？如何减少紧张、焦虑？这些是大多数人都会遇到的困惑，心理成长是每一个人都需要学习的功课。

励志成功学是一柄双刃剑

当下，社会竞争激烈，压力越来越大，很多人常常处于紧张焦虑之中。尤其是近二三十年来，成功学课程在我国逐渐流行，励志鸡汤泛滥。为了提高分数，学生时期的过度励志，也对人的心理造成了深远影响。

励志成功学是一柄双刃剑，虽然激励作用明显，但是如果把握不好尺度，就容易造成更大的压力，容易让人紧张焦虑，难以淡定从容。在这种社会文化氛围的影响下，很多人过于执着、上进、追求完美、勉强自己，各种心理困扰由此而生，心理成长的需求更加迫切。

其实，每个人都一直在寻求心理的成长：尝试调节自己的心态，试图控制好自己的情绪和行为，改善自己的性格……只是常常难以达到满意的效果，这是因为没有掌握合理的方法。

一般人认为心理学是一门高深的学问，很多心理学名著看起来艰深晦涩，难以理解，即使感觉方法不错也不知道如何应用到自己的生活中，所以认为只有心理学专业人士才能掌握其中的奥妙，望而生畏。其实，心理成长的基本理念和方法是简单的，是每个人都可以掌握的，这样自己就可以解决心理困扰，也可以对亲人和朋友有所帮助。

如果父母懂得心理成长的方法和规律，孩子从小得到合理的指导，那么孩子就更容易拥有健康的心理，孩子一生的幸福平安也就奠定了坚实的基础。而父母也是需要成长的，身教的力量是强大的，自身的情绪和行为会潜移默化地影响孩子，给孩子的心理留下深深的烙印。

西方的认知疗法

每个人都有自己的"心理"，却常常做不了心理的主人。知道自己不应该紧张焦虑，不应该担心忧虑，不应该沮丧低落，却无法自控；知道不应该拖延，不应该发火，不应该追求完美，却不由自主；对自己的性格不满意，想变得自信、果断、有底气，却不知道如何改变，找不到开启心理成长之门的钥匙。其实，心理学早就提供了这把钥匙——认知疗法，可惜以前心理学的研究很少将认知疗法应用到心理成长之中，普通大众无从得知。

近一百多年来，西方心理咨询得到了充分的发展，涌现出丰富的研究成果，不过，整个 20 世纪心理咨询主要是解决心理问题、治疗心理疾病，面向的人群也主要是有心理问题和疾病的人，对于普通人如何改变自己的情绪和行为，如何改善性格，心理咨询在这个方面涉及甚少。

本书专注于普通人的心理成长，希望用心理学的规律、方法帮助普通人改善自己的情绪和行为，获得幸福。

中国道家的顺其自然，儒家的中庸之道，禅宗的不二法门

西方心理学有不少美妙的理论和方法，可以作为心理成长的框架；而传统文化中又有不少有助于心灵宁静的智慧，比如道家的顺其自然、儒家的中庸之道、禅宗的不二法门等，我试图把它们有机结合起来，提供更适合中国人心理成长的理念和方法。

这是心理学一个新的领域，所以需要对心理学的理念和方法有所创新和发展，也需要针对常见问题提炼出实用的方法。这些新的理念和方法最初大都是从我个人心理成长的经验中总结和提炼出来的，通过心理咨询实践的检验，我发现其同样适用于其他人，因为心理规律是相通的。当然，每个人情况有所不同，以应用认知疗法为例，如何去改变认知没有标准答案，我会提出一些理念和方法作为参考，但读者自己也需要去内省和发现。

我的心理成长体系以认知疗法为主体，重视情绪在心理中的作用，方法说起来很简单，但是做起来并不容易。因为每个人心理的背后都有一个庞大的认知体系，不同认知之间互相联系、互相影响、互相支持，所以，改变需要渐悟。因而，最好在孩子还小的时候，就建立起合理的认知体系，这样会事半功倍。另外，孩子的心理与家庭教育有很大的关系，如果家长把本书和《顺应心理，孩子更合作》结合起来阅读，对孩子的心理成长会有更好的效果。

我希望能奉献一本实用、接地气、可操作性强的心理成长指导用书。我重视实用、有效，所用方法都是为了解决实际问题，所举事例也都是来自生活和咨询，看起来很熟悉、接地气。希望通过阅读，你能学会心理调节、成长的方法，成为自己和家人、朋友的心理支持者。

所谓大道至简，深入浅出，我力争把心理成长的理念和方法用简洁浅显的语言表达出来，以便大家轻松地理解和掌握。

认知变，世界变。美好人生，从改善认知开始。

CONTENTS

目 录

第六章 | 童年会伤人，如何看待环境影响

第七章 | 为什么说成功学害人不浅

第八章 | 接纳
不完美的自己

第九章 | 顺其自然的
人生态度

第十章　如何有效
改善性格

第十一章　建立良好的
人际关系

第十二章 | 心理问题
是可以理解的

CHAPTER / ONE

第 一 章

心 理 成 长 , 需 要 科 学 指 导

内　心　的　重　建

人都有自己的心理，都有对自己的心理状况不满意的时候，所以每个人都在寻求心理的成长：尝试调节自己的心态，试图控制好自己的情绪和行为，改善自己的性格……只是常常难以达到满意的效果。这是因为没有掌握合理的方法，心理成长，需要科学的指导。

01 | 感谢
曾困扰过我的
心理问题

先介绍一下我心理成长的过程。

说起来，我能够在心理成长方面形成独具特色的理念、方法体系，还要感谢那些曾经困扰过我的心理问题，感谢我的情绪、行为、性格曾经存在的诸多不足。正是为了解决这些问题和不足，二十多年来，我每天都在探索如何更好地成长。有了丰富的亲身实践经验，才能更深刻地理解心理成长的规律。曾经的问题和不足，成了一笔财富。

我在青年时代有过不少心理问题，内心的烦恼和困扰比较多，那时候我不懂得如何去改善情绪、行为和习惯，对自己的性格也不满意。

这些问题主要是从高中开始的。童年时父母对我宽容、鼓励，基本是让我顺其自然地成长，没有太多的要求。到了高中，我喜欢看《读者文摘》《青年文摘》之类的读物，其中励志和成功学的思想鼓舞了我，让我更加努力，意志更顽强，但是在它们的影响之下，我常常过于勉强自己，违背用脑规律，比如头脑疲劳了也不休息，要求自己在不适合的状态下依旧高效学习，最终在高三时患上了紧张性头痛。

这些思想也让我过于执着、追求完美，目标过高，过于勉强而不知顺其自然，过于强调主观能动性而违背规律，所以我常常有些紧张、焦虑、急躁，紧张性头痛跟随了我多年，后来我也品尝过短暂的抑郁，也曾经为强迫症、抽动症所困扰。

有些同学和同事听我说起这些心路历程时很惊讶，因为他们感觉我很正常啊！是的，我基本保持着阳光、积极的心态，只是偶尔会有阴霾。我知道，人的一生或早或晚都会出现这样或那样的心理问题或困扰，这很正常，所以我基本能接纳这些问题，带着它们去生活，再慢慢想办法去解决、成长。如果不能接纳，就会增加内心的冲突，反而不利于成长。

1990 年考入国防科技大学后，可以说大部分时间我都会头痛，这与我的心理（主要是情绪和用脑习惯）有很大的关系。所以，我苦苦寻求解决之道。从那时起，我阅读了一些心理学的书籍，但是总觉得不得其法，无法改变自己。在烦闷之中，我常感叹：朝闻道，夕死可矣！改变的钥匙在哪里啊？

不懈的努力最终有了回报。1993 年我看了《你的潜能》一书，其中有一句话，大意是：你的行为与感觉并不源于事物的本来面目，而是源于你对这些事物持有的认知、看法或想象。还记得那是在大三结束的暑假，我当时正坐在老家小山的草地上。当我看到了这句话，我顿觉醍醐灌顶，恍然大悟，青翠的山谷仿佛也更明亮了。从此，我找到了心理成长的钥匙：**想改变情绪和行为，首先要改变认知和看法**。从此，心理成长之门就打开了。

很多人都觉得性格、情绪、行为难以改变，其实是因为没掌握方法。就像锁上的门，使出全身的力气也难以推开，而有了钥匙就简单多了。改变认知和看法就是心理成长的钥匙之一。当然，方法看起来简单，过程却并不容易。没有人指导，也找不到合适的书籍，主要靠自己内省、思考、摸索、领悟，所以，成长对我来说是一个漫长的过程。

四五年之后，我才知道自己使用的方法就是心理咨询中认知疗法的核心思想，20 世纪 50 年代埃利斯已经提出了认知疗法的主要理念，40 年后我才知道；而在 60 年后很多读者还不知道，这真是一件令人遗憾的事情。西方心理学领域大师辈出，留下了不少珍宝，这些是值得学习和吸收的，以心理学的理论为依据去实现心理成长，是扎实、可靠、科学的。

心理成长需要长期坚持，开始的六七年里，我每天需要花两三个甚至六七个小时来学习、思考，对遇到的情绪、行为等问题进行梳理，分析其中的心理机制，探寻心理的规律，摸索解决的方法。其中，**改变认知是主要的**

方法，识别不适合的情绪和行为背后的不合理认知，建立合理的认知，形成习惯性思维，问题就逐渐得到解决了。这样，我逐渐总结提炼出一些心理成长的理念和方法，实践证明，这些方法是合理有效的。经过二十多年的不断内省和反思，之前困扰我的情绪、行为的诸多问题基本解决了，我收获了幸福和自在。

2000 年左右，我开始做一些心理咨询。我发现，人的心理规律是那么相似，心理问题的内在机制也是相同的，从我自身经验总结出来的方法同样适用于其他人的心理成长。

2010 年，我决定开始研究家庭教育，把心理成长中的部分理念和方法应用到家长和孩子的情绪管理，孩子的性格改变、行为改善、抗挫折能力培养等方面，结果迅速获得了广大读者的认可。我的家庭教育专著《顺应心理，孩子更合作》受到广泛欢迎和好评，很多读者说通过阅读这本书，他们不但改善了亲子关系，还改善了夫妻关系、同事关系，心态也发生了积极的变化。这进一步证明了理念和方法的有效性。

现在，我把这些方法系统地总结出来，分享给大家，有了这些指导，读者就可以少走弯路，不必像我当年那样经过了漫长的努力，而是可以较快捷地实现心理的成长。

02 | 改变认知，走出
自卑黑洞

　　人的一生难免会遇到心理问题，甚至是严重的心理问题。它们都是正常心理规律的产物，是可以理解的，从心理规律出发能够找到解决的方法。这也是心理成长的一部分。

　　这是我曾经接受咨询的一个案例，从中可以初窥心理问题的解决方法。

　　一个阳光明媚的上午，天空湛蓝，我坐在星巴克的窗边，等一位研二的女生。

　　她通过微信找到我，简单聊过几次，我能感受到她情绪的低落和无助。她前几天朋友圈有一条状态：一直以来都活得很辛苦，突然好想走。这让我心惊，所以当她寻求帮助时，我答应了。

　　她来了，外貌外形很普通，看起来也不善衣着。本是青春妙龄，但是有些抑郁，看来阳光没有照射到她的心里。坐下后，她开口就和我谈起她的母亲和父亲，低着头。

　　高中时妈妈经常向她抱怨："都是为了你，我和你爸才经常吵架，才搬家到这里，才不工作来照顾你……"这让她自责，觉得欠妈妈很多，压力很大。妈妈控制欲很强，什么都是妈妈说了算，如果她不听，妈妈就很生气。她在家里表现得很听话，却觉得深深压抑，所以在学校反而经常顶撞老师，欺负同学。妈妈对她的优点觉得理所当然，从来不表扬，只盯着她的缺点。所以，她学习虽好却自卑，当我询问她有何优点时，她肯定地说：我觉得自己没什么优点。

自然，母亲的教育方式给她带来了一些伤害，她目前的性格、心理状态的形成与母亲的影响是分不开的。但是，过去就在那里，不可改变，也不可重来，是想起来心痛，让自己痛苦？还是平静安然，如看云起云落？**直接决定我们情绪和行为的不是事情本身，而是对事情的认知**。过去已经不可改变，我们可以改变认知，认知变，情绪变。

她还是有悟性的，理解了我的意思。她说的确如此，比如从小想当然地觉得父亲欠她的，现在想来却并非如此。父亲并没有伤害她，只是他能力不够，运气不好，就像人生激流中一艘小舟，掌握不了命运，也怪不得他。认知改变了，对父亲的感觉也就改变了。

如果理解妈妈，改变认知，那么怨恨也会少多了。妈妈的原生家庭也有问题，姥姥从小就对妈妈不关心、不爱护，妈妈可能深深感受到这样对孩子不好，所以对她特别关心和爱护，只是不小心又走向了另外一个极端——过多控制，让她感到很压抑。母亲不懂家庭教育，其实很正常，中国这样的父母何其多也！毕竟本意是为了她好。再说她目前的心理状态也不能都归因于父母，她本身的性格就属于敏感型的，从小这一特点就很明显。

理解了，就容易宽容了。她抬起头来，渐渐露出了笑容。认知变了，想起过去，想起妈妈，也就轻松了许多。

过去的经历，常常会沉淀为认知或习惯性思维来影响我们。所以，放下了过去的包袱之后，重点分析当下影响心理的主要因素（包括认知、情绪、习惯等）就可以了。比如，自卑的形成固然来自她的经历，但是她的自卑感主要是因为对自己没有一个合理的自我认识。正如她所说：我觉得自己没什么优点！

我请她罗列一下自己的优点，她想了想，接连找出来不少：学习悟性高、成绩好，不怕吃苦，能艰苦奋斗，勤奋，有毅力，有恒心……这怎么能说没什么优点呢？如果很多父母发现自己的孩子有这些优点，他们做梦都会笑出来的。她过多地受到了母亲的影响，对自己的优点觉得理所当然，视而不见，只关注自己的缺点。

　　我又请她罗列一下缺点。她先想到了自理能力差，我认为这其实没有什么，结婚之后想学也很快，可以忽略。她想了想，说很多时候是自己要求太高了，所以处处觉得自己不行。比如，她觉得以自己目前的能力和水平，很难赚到很多钱。其实这是正常的，能赚到很多钱的人很少。当然，她的确是存在一些缺点的，比如衣着、打扮很一般，比如性格、情绪等还有问题。对于这些不妨老老实实承认，坦然接受，这样就不会觉得那么难受了。何况，这些也是可以改进的，衣着打扮和发型用用心就会有所改进；掌握了方法，心理问题也可以改善。如此分析，会发现缺点原来不像想象中的那么多、那么严重。

　　她在沉思。如果多做这样的分析，改变自我形象，对解决自卑会有帮助。

　　她还有一些困惑。她想做自己想做的事情，想按照自己喜欢的方式去生活，但每当她的意见与妈妈相左，妈妈就会很生气，说：我再也不管你了。她在意妈妈的感受，妈妈的反应让她害怕、担心，怕气坏了妈妈，所以她感到很压抑。其实不妨转换认知：我们对亲人只应该负有限的责任，妈妈有自己的命运，我们也只能做自己能做的事情，管不了那么多。毕竟，自己这么痛苦也是妈妈不想看到的。所以，还是大胆地做自己吧。

　　她若有所悟，眼睛亮起来了，微笑慢慢浮现在青春的面孔上。

∽ 维尼小语 ∽

　　学会理直气壮，就会有底气，不过于在意别人的看法，有助于建立自信。

　　不过，现在她还处于抑郁的状态，情绪对她有强大的作用。在这种低落的情绪下，她对负面消极的东西特别敏感，对积极的方面却很迟钝，所以，我开出的"药方"即使适合，此时也会被淹没在情绪的旋涡之中。

　　所以，目前首先要做的是调节情绪，多去转移注意力，比如跑步健身，多和同学一起聊聊，多去参加活动……情绪好转之后，再去慢慢改变认知，形成合理的习惯性思维。这样才能从抑郁状态逐渐走出来，而且效果也会稳定。

∽ 维尼小语 ∽

情绪对认知有重要的作用，所以，有时需要先调节情绪，再改变认知。

她觉得我说得对，在低沉的情绪下确实难以摆脱当前的状态，她总是想来想去，都是些负面的东西。回去后先换个发型，找同学一起去买件时尚的衣服，先换换心情吧。

阳光照在她的脸上，希望也能照到她的心里，这是这个年龄的女孩子应该有的状态。

过了几天，她发来讯息：已经在坚持跑步了，虽然时好时坏，但是知道了方向，不像以前那样不知所措了。

一个月后，她说感觉自己好多了。

两个月后，她告诉我，活着很幸福。

03 | 发现自己的本性，
做自己就好

    我曾经写过一篇文章，对某个心理学派提出了批评意见。一位热心的读者有些疑惑，给我提了一个建议：您作为一位咨询师不是应该包容、宽容一切吗？为什么要去批评呢？

    这个问题涉及心理成长的目标。一个人是否需要做到完美和极致呢？是否要用圣人的标准要求自己呢？显然我做不到，读者也做不到，也不需要做到。我是比较宽容的人，但只要批评是理性和客观的，批评又有何妨呢？**心理成长，可以"随心而动"，适合自己就好，自己喜欢，觉得舒服、自在，不影响他人，适应生活和工作就可以了，可以保留自己的特色和本性，可以做自己。**

    比如，有的人喜欢安静，过多的交际对他来说是不愉快的事情，那么就不必非要变得善于交际，能够正常、自然地交往也不错。有的人喜欢直率，那么就没有必要变得很委婉，可以表达真实的想法，只要考虑别人的感受就可以了。一个不风趣的人没有必要费尽心思变得幽默，而一个俏皮的人也不必非要变得庄重，毕竟人不是孙悟空，不能想变成什么样就能变成什么样，适合自己、适合当下就好。

    那些看起来不同的性格，比如内向和外向，爱表现和不爱表现，哪个更好？其实，性格本身没有优劣之分，只要适应生活和工作，只要不过度，不构成障碍，都可以。性格的成长可以顺势而为，在保持本色的基础上去调整、改变，这样更轻松自然。对于成人和孩子，都是如此。

什么样的心理状态好？没有统一的标准，每个人的感受是不同的。**有人喜欢紧张刺激，有人喜欢平静从容；有人享受淡淡的忧伤，有人则希望愉悦常在。自己喜欢就好。**

不同年龄阶段的感觉也是不同的。我年轻时多愁善感，有些诗意，富于激情；中年后则理性客观、平静淡定多一些，我觉得都不错。

在同一场合，不同角色适合的心理状态各不相同。比如2016年奥运会中国女排的决赛，对观众来说，如果有些紧张、执着，可能更容易感受比赛的精彩；如果太淡定和超脱，趣味就少了很多。而对女排队员来说，太紧张，太执着于输赢就容易发挥失常，淡定超脱些则有利于稳定的发挥。

尺度也是重要的。如果观赛观众太紧张、执着，那么输了会很懊恼；而运动员如果太淡定以至于不兴奋，也不利于发挥水平。性格也是如此，活泼是不错的，但太活泼可能就不好了；安静也不错，太安静了则不好。

总体来说，心理成长也可以"随心而动"，适合于生活和工作，觉得喜欢、满意，就是好的心理状态。如果觉得不满意、不喜欢，对生活、工作造成了障碍，那么就需要改变了。

生活在世间，七情六欲给我们带来烦恼的同时也会带来幸福，所以想获得幸福自在没有必要无欲无求，可以照常去生活，照常去追求，只是要学会合理、适度、合乎自然。

04 | 情绪本身
并无好坏之分

我们常说要克服不良情绪，那么什么是不良情绪呢？

其实，**情绪本身无所谓好坏，关键在于是否适度，是否适合情况。**

忧伤，如果只是淡淡的，有些诗意的感觉，也是不错的；但是如果忧伤过度成了抑郁，就成了不良情绪。

高兴，一般来说是美好的感情，但如果过于激动和兴奋，就可能乐极生悲。

悲痛，在某种场合也是适合的情绪，但过头了，就需要调节。

适度的焦虑，会推动我们去解决问题，但是焦虑过度就会让人备受煎熬。

适当的恐惧，会让我们保持警醒，远离危险，但是恐惧过度就成了障碍。

适度紧张会提高兴奋度，激发潜能，但是紧张过度就容易方寸大乱，发挥失常。

平静淡定的心态一般来说是理想的境界，但是如果火烧眉毛还不着急，恐怕也会延误时机。

所以，任何情绪都可能成为不良情绪，也可以是良好的情绪，不良的情绪是指过度的、不适合的情况，让我们感到痛苦甚至给我们构成障碍的情绪。

05 | 依靠意志
能解决心理
问题吗

　　每一个人或早或晚都会遇到或多或少的心理问题，这很正常。出现心理问题，也是我们心理成长的机遇。

　　但是，心理不是想改变就能改变的。比如知道不应该害怕，但还是恐惧；知道应该自信，但还是自卑；知道不应该紧张，但是越想不紧张就越紧张！很多时候心理有"不由自主"的特性，意志力有时是苍白无力的。

　　心理有一定的规律，改变也需要专门的方法。这也是心理学成为一门科学的原因。

　　比如，在过于低落的情绪之下，即使有意去思考正面积极的方面，感觉也迟钝；此时人们会不由自主地对负面消极的方面感觉更敏锐，从而继续产生低落的情绪，所以往往难以摆脱，甚至会抑郁。这就是情绪影响认知的规律，所以，我们首先要做的是调节情绪而不是思来想去（改变认知）。

　　情绪产生之后，会通过自主神经引起生理上的反应，比如肌肉、心跳、呼吸的变化，这种反应会持续一段时间。**而自主神经是不受意识控制的，所以有时用意志来调节情绪，效果不佳**，此时不如采用运动等转移注意力的方法，让情绪慢慢平静下来。

　　驱力也会影响意志发挥作用。比如，很生气了，情绪会驱动我们发火，有时想忍也忍不住。又如喝酒、吸烟成瘾，明明知道不应该去喝、不应该抽，依靠意志但还是不由自主，这就是欲望的驱动力量。

习惯性思维会有力地影响情绪。比如看到孩子题目又做错了或又没听懂，如果您的习惯性思维是"他不该做错，该听懂"，那么您就可能会不由自主地生气、发火。

如果学会理解孩子，改变自己的认知，觉得"孩子这样是有原因的，其实该做错，该听不懂，我觉得容易，那是从成人的视角，但是对孩子来说还是难的"，那么情绪会平静得多。

害怕也是不由自主的。记得在大学时，我对于跳马总是有种莫名的恐惧，难以克服。后来，我依靠"系统脱敏疗法（systematic desensitization）"成功地消除了恐惧，最后还获得了全校跳马冠军。方法此时比意志力更有效。

公开发言时可能会不由自主地紧张，并且越是告诉自己不要紧张反而会越紧张，所以意志帮不了多少忙。此时如果学会改变自己的认知，比如就像平常一样说话就可以了，那样表现反而最好，可能就不紧张了。

如果太在意别人的眼光和评价，说话做事就会没底气。如果学会"理直气壮"的方法，就可以变得有底气了。这是靠意志难以做到的。

有时压力太大，虽然凭意志可以坚持，但会让人感到煎熬，此时，如果改变认知，学会"做能做的事情，其他的顺其自然"，压力自然小很多。

再谈谈强迫症，我认为其实质是习惯性出现的怀疑，这种怀疑出现之后，会产生驱力，驱动你去消除这种怀疑。这是不由自主的，如果与之对抗，不顺应这种想法，可能会感到紧张焦虑。比如，有洁癖的孩子，当他怀疑自己手不干净的时候，他会抑制不住地反复洗手。此时，如果父母不让洗，孩子会感觉很难受。

再如抽动症，抽动动作是对紧张焦虑或不舒服感的习惯性宣泄，当紧张焦虑时，抽动动作会自动出现，比如眨眼、耸肩、动鼻子、鼓肚子、清嗓子等，这也是不由自主的。儿童抽动症的康复不是依靠控制就可以的，而是需要去解决引起孩子紧张焦虑的根本原因，比如改善孩子敏感的性格、改变父母的教育方式等。

心理有时是不由自主的，意志力在某些情况下会失效，所以，懂得心理的规律，掌握恰当的方法，对心理成长很重要。

CHAPTER / TWO

第 二 章

心理成长的钥匙：认知疗法

内 心 的 重 建

二十多年前，我对于如何调适自己的情绪、行为百思不得其解，那时感叹"朝闻道，夕死可矣"，是认知疗法让我豁然开朗，从此打开了心理成长之门。

01 | 认知疗法
很简单

一位德国华人妈妈在我这里咨询,她告诉了我一件往事:

有一次,德国邻居看了我一眼,我觉得她可能对我有些种族歧视,我本来就是敏感纠结的性格,这样一下子就变得很焦虑,进而因为孩子的德语不是很好而开始担心孩子在学校受到种族歧视。结果,我陷入抑郁焦虑之中,不得已回国治疗了 4 个月,花了几万块钱,差点住进精神病院。

康复后回到德国,见到邻居,邻居热情地和我打招呼,好像什么事情都没有。看来人家根本不是种族歧视,可能只是觉得我漂亮所以多看了几眼。

现在看来,让我焦虑和抑郁的罪魁祸首不是邻居,而是我错误的认知。

在认知疗法中,美国心理学家埃利斯提出的情绪 ABC 理论最具有代表性。ABC 理论认为:直接决定情绪和行为(C: consequence. 后果)的不是事情(A: activating event. 前因),而是对事情的认知(B: belief. 信念)。而对事情的认知是可以改变的。所以,可以通过改变认知(B)来改变情绪和行为(C)。比如:

参加比赛输了(A),面对这一事情,如果认知(B)是"我很失败,我不行,我不该输,输了很糟糕",那么情绪自然是沮丧、低落的(C)。但是如果改变认知，告诉自己："坏事变好事，输了有助于发现自己的问题，可以更好地改进；输很正常，没什么，谁都会输；输就输了吧，顺其自然。"这种新的认知更积极、更淡定，所以情绪会平静得多（C）。

面对困难或富于挑战性的工作（A），如果认知（B）是"我一定要完成，不完成的后果很严重"，那么你的压力必然大（C）。如果改变认知（B），"做自己能做的事情就可以了，其他的顺其自然"，那么压力会减少很多（C）。

这两种认知不能说谁对谁错，前一种认知会给人更大的动力，也会给人更大的压力；后一种认知在保持了一定积极性的同时，会减轻压力，是一种更平衡的认知。

在某方面能力比较弱（A），如果总与最优秀的人比，或者与自己过高的要求相比，就可能会觉得自己失败、无能（B），会感觉有些自卑（C）；如果学会接纳自己，认为有弱点"很正常，没什么"，只要能有所进步就可以了（B），那么坦然面对（C）就容易了。

认知疗法的理论虽然很简单，但这是改变情绪和行为的一个很有效的方法。**事情往往是难以改变的，但改变了认知，也就改变了情绪和行为**。认知变，世界变。

一位来访者：

改变想法，所谓的受伤也就烟消云散了

2000年左右，我陷入了心理危机，一度非常迷茫，对于过去耿耿于怀，迷惑为什么多年拼搏奋斗之后还是伤痕累累？去心理机构咨询，去寺庙和天主教堂寻求解脱之道，都没有得到答案。

那时，我认识了维尼老师，老师说直接造成所谓伤痕的其实不是过去的经历，而是对经历的认知；不是别人直接给了我伤害，而是对事情的认知让我觉得被伤害。所以，改变了认知，就能从过去的经历中解脱出来了。

这是一个全新的视角，以前我一直抱怨别人，抱怨命运的不公，从来没有质疑过是不是就应该这么看。

　　以前我总纠结于农村中学老师的那段经历，一直认为自己很倒霉。学习认知疗法之后，我改变了。经历就在那里，我可以觉得倒霉，也可以转变想法：正因为去农村当了老师，我才奋发图强考取了研究生，成为青岛的大学老师；如果分配到县城的中学当老师，可能就安于现状一直在那里了。这不是一件幸运的事情吗？怎么能说倒霉呢？

　　以前我想到干爸在关键时刻没有好好帮我，就感到很受伤害。和维尼老师讨论后，发现其实是我期望太高，干爸没有我想象中能力那么强，而且毕竟是"干"爸，关系其实没有那么好，人家没有全力帮我也是人之常情，自己的人生还是要自己承担责任。其实不是干爸伤害了我，是我的想法让自己觉得受到了伤害。

　　认知疗法看似简单，但对我来说却是开启了改变之门，那些想当然认为正确、从未怀疑的想法才是导致我心理危机的直接原因啊！改变这些想法，所谓的伤痕也就烟消云散了。

　　当然，认知的改变说起来简单，但不那么容易。

　　多年形成的习惯性思维根深蒂固，还有不良情绪的影响，加上诸多心理问题，转变的过程是不容易的。

　　所谓病去如抽丝，成长需要不断努力，每天都要反省自己，慢慢改变自己的认知。所幸的是经过多年的努力，我终于彻底走出了心理的困境。感谢维尼老师，感谢认知疗法。

02 | 神秘的
| 自动化思维

认知的产生过程通常有两种：有意识思维和自动化思维。

所谓有意识思维，就是有意识地、主动地思考，这是我们所熟悉的，也容易察觉到。比如分析事情的利弊，决定应该怎么应对，制订计划等。因为经过了思考，所以相对理性一些，但是难免产生不合理的认知。

而自动化思维听起来有些神秘、陌生，虽然天天相伴，很多人却可能未曾注意过。

自动化思维（automatic thoughts）是指无意识的、不带意图目的、自然而然并且不需要努力的思维。这是美国心理学家贝克首先提出来的。

自动化思维是人进化中自然形成的一种机能，能帮助我们更轻松地生活、工作。试想，如果什么事情都要有意识地思考，那也是比较辛苦的。

我又把自动化思维分为直觉式思维和习惯性思维两种形式。

1. 直觉式思维

在某些情形下，比如面临新的、不太熟悉的事情时，有时会有一种即时的反应，不是经过有意识地思考，而是立刻、想当然地产生了一些看法或想法，神秘的类似于直觉的反应，这就叫作直觉式思维。

比如给孩子讲题，孩子总是听不懂，那么家长可能会想：他怎么这么笨？

所以，家长一下子就火了。这样的认知没有经过深入的、有意识的思考，凭直觉想当然立刻得出，虽然有时认知也是合理的，但是与有意识思维相比，理性的成分相对少一些，不合理的成分相对多一些。

那位德国华人妈妈没有好好分析，就想当然地认为邻居对她种族歧视，这就是一种直觉式思维，与事实不符。

再如，一位男士用微信约心仪的女孩出来吃饭，女孩简单地说抱歉，正忙，今天没时间。男士立刻想到女孩是不是有意冷落他，感到沮丧。其实女孩可能真的正忙着，没时间，男士的直觉式思维并不符合事实，却实实在在影响了情绪。

这种思维普遍存在，在家庭教育中常常出现。当孩子的表现出乎意料，我们经常没来得及了解真相，就想当然地觉得他捣蛋、不上进，火气可能就马上来了。事后我们可以反省一下，先去识别火气背后的不合理认知，找到之后再去分析它是否合理，以及合理的认知是什么。

比如，孩子写作业磨蹭，可能是有内在原因的，比如作业太多、太难，缺乏兴趣和信心等，这样就是可以理解的，父母需要做的是"找原因、想办法"，去帮助孩子。**认知改变了，情绪也就平静了。**

2. 习惯性思维

习惯性思维就是在某种情况下习惯性地自动出现的认知和想法。因为其自动出现，所以如果不去有意识地识别的话，甚至觉察不到其存在。

这些认知是原本就有的，不是当下思考或直觉反应的产物。它们的来源比较广泛，有的来自他人的影响，有的来自书籍、报纸杂志，有的是自己思考的结果（有的是有意识思维的产物，有的是直觉式思维的结果）。就像习惯的形成过程一样，在某种情况下某种认知多次出现，慢慢就成为习惯性思维了。比如：

我高中时经常看《读者文摘》等刊物，其中的一些成功学的思想给我很多鼓舞，当时我感觉不错，就逐渐把这些思想应用到自己的生活、学习中，慢慢就形成了相应的习惯性思维。但由于辩证吸收的能力不强，这些认知存在不合理之处，导致我过于勉强、过于执着，对情绪和行为产生了不少负面影响。

我看过一本书《奇特的一生》，讲的是苏联昆虫学家柳比歇夫，他特别善于节约时间、利用时间，受此影响我也通过思考形成了一些节约时间的方法，逐渐去应用，成为习惯性思维。但是这些认知不太合理，比如累了还要继续学习思考、在不适合的场合也要思考、同时想几件事情等，养成了一些不合理的用脑习惯，结果导致头脑容易疲劳，头痛持续了多年。

我们知道，行为习惯形成之后，很多动作连想都不用想就做出来了，就像自动运行一样。习惯性思维形成之后，也会在某种情况下自动出现，不需要有意去思考。比如，明明头脑已经累了，我会自动地、习惯性地想到要节约时间，所以不会去休息，而是继续用脑；做一些琐碎的事情时，我会习惯性地认为这是在浪费时间，所以会有些烦躁，或者习惯性地认为应该快速地完成，导致头脑容易疲劳。

从来源来看，书籍或他人的观点本身有可能是不合理的，我们的理解也可能片面、极端、不符合实际，我们思考得出的认知也可能是不合理的，所以，习惯性思维自然可能有不合理的方面。

比如，有的父母受《夏令营中的较量》的影响，认为孩子的很多问题都是娇生惯养造成的，所以不能娇惯，应该对孩子严格、严厉，甚至应该有意制造挫折，让孩子吃苦。这篇文章的观点本身有不合理之处，读者如果不注意辩证地吸收，又想当然或者片面地去理解，所得出的结论自然不太合理。但是形成习惯性思维之后，不合理的结论会自动出现，人们甚至觉察不到这种思维、认知的存在，会把它当作理所当然正确的结论去应用，想不到去怀疑其是否合理。

我年轻时认为，如果不能实现自己的远大目标，不能活得精彩和成功，如果到了四十多岁还是平凡的，那么人生就是灰暗和痛苦的，遗憾终生。我发现很多受成功学影响的来访者都有类似的习惯性思维，大概是来自一些成功学的理念吧。这个想法不知是什么时候形成的，我也没有深入去分析是否真是这样的，就想当然觉得是正确的。这成为我的习惯性思维，影响了我好几年。

那时，当遇到一些不顺的时候，我会想到自己的能力不像自己想象中的那样强，所以将来可能是平凡的，由于上述习惯性思维的影响，我会觉得焦虑、担忧。后来，我识别出这种习惯性思维影响了我的情绪，所以重新去分析，发现其并不合理——即使平凡的人生也可以有不少精彩的时刻，也会是幸福的，那么烦恼什么呢？习惯性思维改变了，心态自然好多了。案例：

习惯性思维改变了，问题行为也就自然消失了

一位六年级的女孩在我这里咨询。她特别在意字写得怎么样，如果不满意，就一定要擦掉，不然就感到不舒服、难受，她每天为此浪费了不少时间。比如"准"字，她会要求右边的四个横都很平，而且平行，等号也要求平行。

为什么会这样呢？她告诉我，上小学时老师就要求横平竖直，所以她一直觉得字应该是"横平竖直"的，这成了习惯性思维，一直影响着她。

我和她一起探讨：老师为什么这样要求呢？其实是因为小孩子如果没规矩的话可能会写得乱，所以才有了这样一个规矩。按照这样的规则来写，应该写得还可以，但是有些呆板。我让她去观察硬笔书法作品，即使是楷书，也几乎没有横平竖直的，变化才产生美，不横平竖直也是好看的。

慢慢地，她的习惯性思维改变了，问题行为也就逐渐消失了。

识别情绪和行为背后的不合理认知是心理成长的重点。不合理的认知可能来自有意识的思考，也可能来自直觉式思维和习惯性思维。

其中习惯性思维是重中之重，不少性格、情绪、行为问题的背后都存在着不合理的习惯性思维，因为它自动出现，所以如果不去仔细识别的话，甚至觉察不到它的存在，人们自然不会怀疑其不合理。而习惯性思维就这样默默地、有力地影响着我们的心理，可能持续几十年甚至一生。

⌒ 维尼小语 ⌒
习惯性思维与潜意识

我们熟知的"潜意识"可能是弗洛伊德的经典精神分析理论中最著名的

概念。不过,在经典精神分析中,潜意识显得有些"玄"、不易理解、难以捉摸。

认知疗法和精神分析属于不同的心理学理论。如果从认知疗法的角度去理解潜意识,习惯性思维可以与潜意识相对应。所谓潜意识,是指人类活动中,不能认知或没有认知到的部分,是人们已经发生但并未达到意识状态的心理活动过程。精神分析认为:"我们是无法觉察潜意识的,但它影响意识体验的方式却是最基本的——我们如何看待自己和他人,如何看待我们生活中日常活动的意义,我们所做出的关乎生死的快速判断和决定能力,以及我们在本能体验中所采取的行动。潜意识所完成的工作是人类生存和进化过程中不可或缺的一部分。"

习惯性思维也有类似的特点,因为其自动出现,我们常常没有意识到它的存在,但是它在默默地、有力地、自动地影响着我们。从这个角度来看,这两个概念有相通之处。不过,与潜意识相比,习惯性思维的概念更容易理解,更符合常识。

03 | 抵御伤痛、
焦虑的认知
防火墙

在经历一些强烈刺激、伤痛之后，可能想到这些事情就会紧张、焦虑、痛苦。其实，直接让我们痛苦的不是事情本身，而是对事情的认知。如果我们建立新的认知，逐渐形成习惯性思维，这样每当想到这些事情，我们就会自动想到新的习惯性思维，就会建立起"认知防火墙"，从而有力地阻隔事情的负面影响。

比如，有的人想起父母对自己造成的伤害就感觉很心痛，其实，对于过去的认知是造成这种感觉的直接原因。过去已经无法改变，但是我们可以改变认知。

比如用三种思维重新看待过去：第一，坏事变好事——过去的痛苦经历，可以提醒我们不要在孩子身上犯同样的错误，也是好事；第二，很正常，没什么——父母那样做是因为不懂教育，在那个年代很多父母可能都是那样，这也源于父母原生家庭的影响；第三，顺其自然——过去的就过去吧，过多纠结没有意义，不妨放下过去，面对未来。

经过多次这样思考，那么新的认知会成为习惯性思维，每当想到童年经历时首先想到的是它们，这样就形成了认知的防火墙，对事情就能够坦然面对了。

又如，失恋往往是痛苦的，一想起来就会心痛。如果我们能重新认知，慢慢形成习惯性思维，有了认知防火墙，面对失恋也就能坦然面对了。为什么说"时间是治愈伤口的良药"？这也是基于同样的道理。出于本能，人会不知不觉地寻求解脱，"看开"此事，慢慢会形成习惯性思维，也就不再感到心痛了。

那些曾经给我们创伤、让我们难过痛苦的事件，既然已经无法改变，那么不妨建立起认知的防火墙，有了它的帮助，我们的心情会平静很多。

04 | 识别情绪、
行为背后的
认知

通常来说，当情绪或行为出现问题时（不适合工作和生活，自己不满意），其背后一般存在着不合理的认知，所以识别情绪、行为背后的不合理认知是改变的第一步。有的很容易就能找到，有的可能需要费一些工夫。识别出来之后，再去分析其不合理之处，进行认知重建，得到合理的认知。

这里的"合理"认知，更多的是指能够产生适应的情绪和行为的认知。这里的适应是指适合于工作和生活，自己觉得满意。不合理的认知，也是指产生不适应的情绪和行为的认知。世界是复杂的，有时难以简单地判断认知是正确还是错误的，这也是因人而异的。

比如，如果你觉得微信聊天很有意思，因此花费了大量时间，耽误了工作和计划，你也觉得这样不好，那么"微信聊天很有意思"就是一种不合理或者不适应的认知，需要改变。而如果没有因此耽误什么事情，还有娱乐等作用，那么这就是一种合理、适应的认知，不需要改变。

我在做一些单调枯燥的工作，或者干一些乏味却费时的家务时，常常有些烦躁或急躁。这对我有些不良的影响，所以我想去解决这个情绪问题。首先要去识别烦躁背后的认知，我发现这是因为我觉得这些工作价值不大，有些浪费时间，所以既不愿意做，又想赶快做完了事。这种习惯性思维自然容易让人烦躁。所以，认知需要进行改变。

我采用了新的认知：这些事情也是人生的一种经历（既然是人生的一部

分，那么自然应该安然接受了，即使看起来价值不大或浪费时间）。有了这样的认知，我自然就平静多了，形成新的习惯性思维后，这个问题就解决了。

原来的习惯性思维一直存在，但是因为它自动出现，而且对我来说这算是小事，所以我也没有有意去识别，没有意识到它的存在，自然不会去改变它，以至于让这种不合理的习惯性思维影响了我二十多年。

从这个例子来看，难以断言原有的习惯性思维和新的认知哪个正确、哪个错误，只是说，原有的习惯性思维产生了不适应的情绪（烦躁），所以是不合理的；而新的认知产生了适应的情绪（平静），所以是合理的。

案例：

认知改变，行为改变

十年前，我曾经在研究机构担任科研小组组长，当时别人都说我很犟。比如科长和我沟通时，我常常会坚持自己的意见，导致和领导关系不好，自然会有些"吃亏"，这引起了我的反思。

其实我跟朋友和家人相处时还是好商量的，并不犟，为什么在工作中会犟呢？其实是因为习惯性思维。

我认为：为了做好工作，坚持正确的意见是应该的，不必考虑别人的感受。这种思维来自刚参加工作时一位老前辈的影响，他就是这样的工作态度；还与我"坚持真理"的核心思维有关系。

思维形成之后就一直想当然地觉得是对的，从来也没有怀疑过它可能是不合理的。在经历重大挫折之后，我才去反省，识别出来不合理的习惯性思维，并重新去思考、分析，有了新的认知。（参考第十一章 05 节：《别太较真，保持适度自我怀疑》。）

认知改变了，行为的改变就轻松了，很快在工作中我就不太犟了。

如果我们的情绪、行为出现了问题，这背后一般存在着不合理的认知，需要通过反省、觉察、分析，识别出它来，然后和自己讨论，形成合理的认知，之后多次在实际中应用，就形成了新的、合理的习惯性思维，这样情绪和行为就改善了。

在家庭教育之中，很多父母就存在着很多不合理的习惯性思维，我在《顺应心理，孩子更合作》一书中，对很多常见的习惯性思维进行了剖析，所以，很多家长通过看书，改变了自己的习惯性思维，情绪和行为都有了很大的改变。

比如，辅导作业时导致家长对孩子发火的常见习惯性思维是：孩子应该会，应该懂，应该做对，应该记得住，做作业时应该很专心，应该不被家里的事情所吸引。有了这些习惯性思维，那么当孩子做不到的时候，家长就会觉得他不应该如此，所以就容易发火。但是，如果我们学会理解孩子，就会发现：存在就是合理的，孩子的表现是有原因的，可能是应该的。比如，这些知识虽然我们看起来简单，但对孩子来说是有难度的，所以，他其实是应该不会，应该不懂，应该做错的；毕竟他还是一个孩子，所以他做不到完全专心，偶尔想玩一下、动一下也是正常的；孩子也是好奇的，被家里的某些事情吸引也是正常的。认知改变了，那么对孩子发火就会少多了。

本书会针对一些常见问题，分析问题背后可能存在的不合理的习惯性思维，提供一些相应的合理认知供参考，这些认知有广泛的适用性。当然，什么是合理的认知？没有标准答案，每个人的成长背景不同，认知体系不同，在我抛砖引玉之后，读者可以去发现、寻找更适合自己的认知。

05 | 为什么改变认知
并不容易

　　和一位大二男生交流，他对自己要求很高，追求完美，在很多小事上都要求自己做到极致，所以很累。我建议他改变自己的认知，他说，改变很难，认知之间环环相套，想改变时总有其他认知在支持，所以难以说服自己。比如，他为什么对小事追求极致，除了追求完美的核心思维，还有其他的认知根源，比如相信细节决定成败、积少成多等，这些都迫使他把小事做得完美。

　　心理成长，方法很简单，主要是改变认知（我们把试图改变的认知称为目标认知），但是做到并不容易，因为目标认知往往不是独立存在的，它就像一棵树一样，下面往往还有多条认知的"根系"在支持它。这些根源不改变，就难以说服自己放下原有的认知，建立新的认知。

　　比如这位男生虽然想放下对小事的执着，但是一想到细节决定成败，就放不下了。他认为细节能决定成败，小事也是细节，都关系到自己的成败，那怎么能放下呢？他的问题在于对"细节决定成败"不合理的理解。那么如何理解会更合理呢？读者不妨先思考一下。

　　有一位初中女孩在我这里咨询，她认为成绩很重要，在这种认知的影响下，她压力过大，不但期中考试紧张焦虑，连对月考、周测都恐惧，以至于无法上学。所以，需要改变"成绩很重要"这一认知。我和她深入地交流，发现目标认知有多种认知根源。一是她有很高的目标，一定要考上北京大学，而平常的成绩不理想对她来说预示着可能实现不了目标，所以她自然会很重视成绩，害怕考不好；二是担心考不好同学会嘲笑、议论；三是她认为如果成绩不好，说明她能力不行，这会让她否定自己。所以，如果不改变这几个认知根源，她就难以放下对成绩的过于执着。

认知树的概念类似于萨提亚家庭治疗中的冰山理论：我们能看到的只是表面很少的一部分，而更大一部分的内在世界却藏在更深层次，不为人所见，恰如冰山。

从认知树的角度来看，表面上看到的是目标认知，其实还有多种根源隐藏在下面支持着它。所以，需要去改变这些认知根源，才能改变目标认知。这些认知根源并不难以发现，只是很多时候人们习以为常，如果不去探索分析，自然就不会意识到其存在，或者不会和目标认知联系起来。

认知转变了，情绪很快就好转了

一位比利时的华人妈妈在我这里咨询。她本来状态不错，却突然因为两件小事心理近乎崩溃。姥姥从国内来比利时，送她五岁的儿子去学校，到了校门口孩子不让姥姥进去。妈妈认为，儿子是因为姥姥不会说比利时的语言而觉得没面子才这样做，认为儿子不孝敬老人，所以很生气。

另外，儿子总喜欢逗一岁多的小妹妹玩，有时故意堵着门不让妹妹出去，妹妹有时很着急。妈妈说了儿子好几次，冲他发火甚至打了他，但是孩子总是不改。

这些其实都是小事，姥姥也并不在意，在我这个旁观者看来也觉得很正常、没什么，为什么会导致她陷入焦虑、抑郁的情绪之中呢？

深入交谈之后，我发现她执着于孩子的小错误其实是有深层认知根源的。她身体不太好，经常看《刘善人讲病》，刘善人认为要逐一检点反省自己的错误（其中包括孝道），去真诚忏悔改正，这样才能让自己彻底恢复健康。

所以，她特别重视反省自己的错误，总在找错误。

另外，她一直在学习一些中国传统文化的课程，所以对孝道特别重视，认为孩子不孝敬是大问题。那些课程学得久了，不知不觉中她就期望孩子是完美的，自己也是完美的。

所以，当孩子有问题的时候她就很焦虑（孩子不完美），也因为对孩子的行为无可奈何，因为冲孩子发火、打孩子而自责（自己不完美）。

其实刘善人的理论和孝道本身是有道理的，但是她的理解有误，形成了不合理的认知，导致她放大了事情的影响，再加上其他的因素，所以她一下子就很焦虑，甚至快抑郁了。

她没有意识到这些认知是导致她焦虑、抑郁的原因，我和她一起探讨之后，她才恍然大悟。

在找到并转变了这些认知根源之后，她很快就放下了儿子和姥姥的事情——其实孩子的表现很正常、没什么；对于儿子逗妹妹玩的事情，她也重新去认知：这也是孩子们玩的一种方式，妹妹如果着急，把妹妹拉过来就可以了，没什么了不起的。

认知转变了，情绪很快就好转了。

我提倡读者自己反省、自助式心理成长，但是，当局者迷，旁观者清，有时自己可能难以识别情绪背后的认知，此时就需要他人的帮助。

∽ 维尼小语 ∽
如何理解"细节决定成败"

"细节决定成败"，这句话本身是有道理的，在某些情况下，所有细节都要做好，否则就可能会失败，比如宇宙飞船的制造和设计，飞行之前对飞机的检查，等等。

但是，在大多数情况下，不需要关注所有的细节，不是所有的细节都能决定成败。比如组织一个重大的会议，虽然要尽量把细节做好，但实质上某些细节如果做不好，影响可能也不大。

另外，一个人的时间和精力毕竟是有限的，在细节上分配时间过多，在主要的方面分配的时间必然会少，这就会影响整体的效果。比如考试，如果对每个题目都抓住不放，那么最终时间可能不够用，从而可能会连很容易得到的分数都丢了，得不偿失。所以，对细节也不要过于重视。

另外，对人生来说，很多事情并没有很紧密的联系，新的机遇总会有，所谓"祸兮福所倚，福兮祸所伏"。所以，在大多数情况下，一件事情没做好，对一个人总体的人生成败影响很有限，更谈不上细节决定成败了。何况，人生有时也难以用成败来衡量啊。

06 | 为什么
明知不该追求完美，
却做不到

为什么明知道不应该过于追求完美，却在很多事情上不由自主地纠结？为什么想放下，遇到事情却又过于执着？有没有什么方法，能让我们顿悟，瞬间完成心理成长？

以前我有追求完美的核心信念，所以在各个方面都受到了影响。比如为事情没做好而懊恼，过于节约时间，过多注重效率，因为追求最佳方案而犹豫不决……在每个具体方面，也都有一些不恰当追求完美的习惯性思维、情绪和行为。

比如在节约时间方面，我就有很多种表现：做意义不大的事情时会感到烦躁，因为觉得好像在浪费时间；又如做事务性工作时，会急着做完，也是想节约时间；为了更好地利用时间，累了也不休息，不适合的场合也继续思考，结果头脑疲劳了更浪费时间；为了提高效率，会同时思考几个事情，搞得自己很累。

我意识到不顾实际情况一味地追求完美是不合理的，于是很早就改变了核心思维。但是这些习惯性思维、情绪和行为并没有随之改变。有些思维需要反复说服自己才能改变；有些思维则是自己没有意识到有问题或者没有想到去解决，于是延续了很多年。

为什么习惯性思维不会随着核心信念的改变而自动改变？这是因为它们除了追求完美的根源，还有一些其他的认知根源（认知树）。所以，虽然核

心信念改变了,但是其他的根源还在支持着习惯性思维,自然难以改变。比如,对我来说,节约时间的习惯性思维可能还受到"必须经过过人的努力才能取得成功""人的潜力是无穷的""要成功,就要注重效率"等认知的影响,当然,每个人在这个问题上的认知根源是各不相同的。

为什么意识不到习惯性思维有问题?这是因为习惯性思维已经形成习惯,它会自动出现,人如果没有意识到其存在,那就自然想不到去改变,也就不会去分析了。

有一位六年级的女孩来我这里咨询,她追求完美,对自己要求特别高。字写得不"横平竖直"会擦,等号写得不平行要擦,数字"5"上面一横写得不平也要擦。我们交流了两次,这些问题有了改善。但是后来她妈妈告诉我,孩子又为英文字母写得不满意而擦了很多,孩子为自己无法自控而沮丧。其实这是正常的,因为孩子虽然意识到不应该追求完美,不应该要求那么高(核心信念改变了),但是,在语文、数学、英语等方面的书写已经形成了习惯性思维。语文和数学书写通过咨询改善了,但是英语书写问题还没有一起探讨过,原来的习惯性思维自然不会自动改变。

在家庭教育中,很多父母看了我的《顺应心理,孩子更合作》,知道应该改变对孩子期望太高、太执着的核心信念,但是到了具体问题上可能又会按照原来的习惯去做,忍不住着急,忍不住发火,难以放下过度的执着。这是因为在具体事情上已经形成了习惯性思维,如果不去一一改变,那么还会涛声依旧。所以,需要反省、分析、识别和改变那些习惯性思维。不过,即使想去改变,这些习惯性思维还有其他的认知根源在支撑。所以,虽然知道应该放下,但说服自己并不容易。比如,有的家长对孩子按时入睡、睡眠充足很纠结,这可能是因为受到一些所谓的"科学育儿"文章的影响,认为如果不按时入睡、睡眠不充分,对于孩子的智力、身体发育都不好。其实未必如此,每个孩子各不相同,有的精力旺盛,可能需要的睡眠时间较少;有的时候玩得兴奋,不想按时入睡,有时晚睡一些也没什么的。只有改变了所谓"科学育儿"理念的影响,才会放下对孩子睡眠的纠结。

所以,如果父母想改进自己的家庭教育,只改变核心理念是不够的,还需要在很多常见问题上一一去思考、反省，改变原有的习惯性思维。我在《顺应心理，孩子更合作》中一一探讨了家庭教育常见问题背后的习惯性思维，给读者以参考。

改变需要一个过程，不要期望有什么神奇的方法能让我们恍然大悟，一下子解决自己所有的心理问题。很多问题还需要一一去分析、改善。

心理成长的方法看起来简单，做起来却并不容易，需要付出长时间的努力。

07 | 不合理的
认知体系，
使改变不易发生

　　在成长的过程中，我们会从各种途径得到并相信一些道理，比如从父母、老师、同学那里，从书籍、报刊上，还有自己思考体会而得到的，进而形成了一些核心的信念。这些道理虽然本身有一定的合理之处，但其不合理之处也有不少，或者我们理解得有问题，但是如果已经相信，每个不尽合理的核心信念就会生根发芽，形成不合理的认知体系。

　　比如深受成功学、励志课程的影响，如果太执着、过于追求完美，会有一些不合理的核心信念，而每个信念又会衍生出多个不太合理的中间信念，每个中间信念又会有多个不尽合理的习惯性思维。那么不合理的认知体系就形成了。

　　另外，我们往往存在多个不合理的认知体系，它们之间互相影响、互相渗透、互相支持，根深叶茂，所以，改变并不容易。

　　以家庭教育认知体系为例：

　　如果父母信奉一个道理——对孩子要严格管教，不能娇惯（核心信念），他们就可能会在生活习惯、学习、品质等多个方面都认为应该严格要求孩子（多个中间信念）。

　　进一步地，在每个方面又会形成多个习惯性思维。以生活习惯为例，家长会在卫生、自理能力、吃饭等各个方面严格要求。

这样，核心信念、中间信念、习惯性思维就形成了认知体系。

当然，这些中间信念和习惯性思维的形成也受其他认知或道理的影响。比如"对孩子生活习惯要严格要求"这一中间信念，除了与核心信念有关，可能还与"好习惯决定孩子的一生""生活不认真，学习怎么认真？"等其他认知根源（认知树）有关。

在这个认知体系中，对孩子应该严格要求的核心信念本身就有一定的不合理性（比如，学习应该严格要求，生活习惯未必就要严格要求），有人的理解也有偏差，严格要求成了过于严格的要求。所以，由此而演绎出来的中间信念、习惯性思维自然也可能不合理。

另外，其他的认知根源也可能有不合理性。比如在生活习惯问题上，"好习惯决定孩子的一生"，可能就夸大了生活习惯对孩子的影响。所以，认知体系可能存在诸多不合理的认知。

一位女士有一段痛苦的童年经历，父母对她要求很高，也很执着。她讨厌这些，但是不知不觉中这些又内化成为她的性格。

她对自己要求很高，也很执着，逐渐地在很多具体的方面都是如此，形成了习惯性思维，而且根深蒂固。这让她常常陷入痛苦之中，情绪低落。遇到问题时，比如事情没做好，她就会自责，否定自己。

她知道改变认知的重要性，所以试图去说服自己，转换认知，但是感觉有些困难，因为她需要想清楚一连串的问题才能说服自己。

由于每个问题背后可能有一个认知体系，认知之间环环相扣，互相支持，所以，需要改变多个相关认知才会取得不错的效果。

08 | **识别**
   | **深层认知，**
   | **说服自己去改变**

当识别出不合理的习惯性思维之后，我们就需要说服自己，建立新的合理的习惯性思维。

说服的过程可能比较长，但是最后可以归结为一两句话，我把它称为"认知咒语"，这句话代表了说服的全部含义，以后遇到相应的情况，用这句认知咒语来说服自己就可以了。比如：

一位五年级女生写作业时总想把字、字母、数字、等号写得好看，写得不满意的时候会感觉难受，忍不住去擦掉，耽误了很多时间，这是一种强迫症状。为什么会这样？

探讨之后，我发现这种行为有几个认知根源：一是老师以前是这样要求的，二是她觉得学习好的孩子都要写得好看，三是她觉得写得好看是有价值的。这三种认知都有不合理之处。

所以，需要说服自己：老师其实现在已经不大要求好看了，到了初中更不会要求；学习好的孩子很多作业写得也不美观，可以说，好看与否与成绩关系不是那么大；为了字写得好看，每天至少耽误半个小时，还真是不值得。

她觉得很有道理，最后把这些归结为一句话（认知咒语）：作业写得好不好看没那么大的关系。以后想擦掉的时候用这句话说服自己就可以了。

先多次模拟练习，再在写作业时练习（在这个过程中，如果还是想擦，也不要对抗，想擦就擦，这样心情会比较放松），这样新的认知逐渐成为习惯性思维，也就不大去擦了。

再比如：

一位来访者的父母从小对她要求很高，而她的学习又不好，所以情急之下经常打骂她，她感到被羞辱、很受伤，每每想到过去就会心痛。

我建议她学会理解父母，用三种思维重新看待过去，这样才能更好地面对未来。

这样并不容易，她花了不少时间来说服自己。说服自己的理由可能需要好几页纸才能写完，不过最后她总结为几句话：父母本意是为了我好，只是不懂教育、心理，才伤害了我，这也是命运的安排，过去的就过去吧。

这就是认知咒语，代表了那些说服自己的理由，以后再想到过去，就先去回忆这句话，慢慢地认知咒语就成了习惯性思维，建立起了认知的防火墙，就不会再为过去而心痛了。

09 | 慢慢
等待开悟

有一次我在听马未都先生的收藏节目，听到他在讲那些价值几千万、几亿的瓷器，忽然想到，有些文物其实并不见得比当代的优秀瓷器做得更好、更精美，可能因为年代久远、稀少或概念炒作而显得珍贵而已。我们追求的很多东西不也是这样吗？其实不像表面看起来那样让人难以放下。

那一刻我恍然大悟，满身轻松，好像可以放下执着了。但是过了没多久，那种轻松感就离去了，"放下"并不像说的那样简单啊！

以前参加过多次追悼会，每一次都好像醍醐灌顶，想想生活中那么执着干什么呢，为名利而奔忙，又有多大的意义呢，离去了，一切都成空。但是回来之后，涛声依旧，做不到那么释然。我想，同去的很多人都有类似的感觉吧。

为什么会这样？

当年禅宗六祖慧能和神秀有顿悟和渐悟之争，那么在心理成长中，需要顿悟还是渐悟呢？顿悟是指顿然领悟，也就是明白了一个道理（核心信念），相应地很多道理（中间信念、习惯性思维）一下子就明白了，这种情况是部分存在的。但是由于认知树的存在，而且已经形成了习惯性思维，所以，即使核心信念改变了，相应的中间信念和习惯性思维大部分也不会自动改变。在这种情况下，顿悟就不易发生。所以，还需要渐悟，去一一反省和重建认知。

另外，对一般人来说，还要过正常的生活，还有世俗的追求，有家庭的责任，所以完全放下是不可能的。至少从家庭的角度来说，不能要求爱人、孩子像自己一样"放下"。另外，很多世俗的名利、物质，也会给人带来幸福，对心理可能也是有益的。即使是禅宗，也提倡用出世的精神来入世，而不是完全出世。所以对一般人来说，需要做的不是完全放下，而是适度放下；不是不执着，而是不要太执着，学会适度执着。所以在很多具体的方面，需要把握好度。但是尺度是难以把握的，需要反复实践、思考，做起来并不容易。所以，心理成长常常是个渐进的过程。

在心理成长的过程中，顿悟是有作用的，有时会一下子想明白不少东西，但更需要渐悟，慢慢地开悟，慢慢来。

第 三 章

内 心 强 大 的 神 器：三 种 思 维

真正的坚强，不是能够承受痛苦，而是面对挫折和失败时"不管风吹浪打，胜似闲庭信步"。学会三种思维，改变自己的认知，面对挫折就能够淡定从容，收获真正的坚强。

01 | 学会
三种思维，
收获真正的坚强

有一次和一位记者朋友聊天，他说自己压力很大，经常感到焦虑和低沉，心里像压了一块石头。但是，他能承受，总是能振作起来，继续工作。

这位朋友的承受能力是比较强的。虽然感到痛苦，觉得烦躁、焦虑、抑郁、沉重，但是能够忍受，还能坚持。这种忍耐和坚持的能力就是一般人所说的坚强。

但是，这是一个痛苦的过程，也是颇为煎熬的。有时人们也会觉得难以承受，甚至会真的崩溃。所以，这种坚强虽然也要赞许，但并不是真正的坚强。

那么，什么是真正的坚强呢？

面对各种挫折、失败、不如意，开始可能也会有一些心理冲击，但经过心理调节之后，很快能做到内心平静、淡定，"不管风吹浪打，胜似闲庭信步"。如此一来，自然不需要忍耐、坚持，就能轻松承受挫折了。因为本来就没多少痛苦，所以不费多少力气，不需要多么强大的忍耐力。这种坚强才真正可靠。

这种心理调节的方法就是认知疗法。

回忆一下认知疗法的原理：不是事情本身，而是对事情的认知直接引发了情绪和行为。所以，改变了对事情的认知，就改变了情绪和行为。

换言之，如果遇到了挫折或失败，让我们痛苦的最直接来源不是挫折和失败本身，而是对挫折和失败的认知。

人为什么会敏感脆弱？其实不见得是神经类型等生理因素决定的，往往是因为更多地看到了消极的一面，放大了负面影响，把事情看得太严重，或者过于执着，不肯接纳现实。这样，自然容易引起不良情绪，显得敏感脆弱。

所以，如果改变认知，用合理、积极的方式看待挫折，那么自然容易淡定从容。多做这样的练习，逐渐就形成了习惯性思维，建立起认知防火墙，在面对挫折时，自动用合理的思维应对，心态自然会轻松一些。这样一来，承受力增强，能够坦然面对挫折，那么坚强的性格就形成了。

一位女孩在我这里咨询，她缺乏自信，经常受到领导的批评，总是开心不起来，感觉很痛苦。她恨自己为什么不能坚强起来，勇敢地承受这些痛苦和折磨。

听了我关于坚强的观点，她恍然大悟。原来，变得坚强的根本途径不是看起来很能承受，内心很痛苦却强作欢颜，而是学会改变自己的认知，从而淡定地面对一切。遇到挫折、失败和打击，内心不起多大的波澜，可以很快坦然从容。她感到，这种坚强是可以通过努力做到的。

那么，如何改变认知呢？

无论古今中外，人都有一个普遍的心理规律：面对挫折和失败，如果我们觉得这个事情很糟糕、很严重，难以接受，那么自然会感到沮丧、痛苦、懊恼、焦虑。但是如果能改变自己的认知——发现坏事也有好的方面，或经过努力可能会变成好事；或者事情不像想象中的那样糟糕，可能很正常，没什么；或者虽然有些糟糕，但应该接受现实，努力之后可以顺其自然——那么，人们自然会淡定平和些，也就容易坦然面对了。

上面所说的三句话就是三种思维。

坏事变好事：坏事也有好的方面，或经过努力可能会变成好事。

很正常，没什么：事情不像想象中那样糟糕，可能很正常，没什么。

顺其自然：虽然事情有些糟糕，但是努力之后不妨接受现实，顺其自然。

有一次回老家，没想到高速公路临时封路，路上堵得厉害，预计可能赶不上火车。不过，有了三种思维，我一路上安然淡定。第一，坏事变好事：我乘火车从来也没有误点、改签，如果误点了，也是一种经历，对心态是一次磨炼，也是好事。第二，很正常，没什么：出现不顺利和意外本来就是人生的常态，改签一样可以回家，不过是耽误了些时间，其实也没有什么大不了的。第三，顺其自然：高速公路封路这样的事情是我无法预料的，而且已经提前两个小时出门了，堵车就堵车吧，无法改变就安然对待，顺其自然。这样去思考，自然风轻云淡了。

还有一次我从青岛去山西太原图书大厦做讲座，讲座快开始了，组织者满含歉意地和我说："维尼老师，不好意思，今天不知道怎么回事，才来了十几个人，您那么远过来……"我笑笑说："没关系，来多少算多少。"为什么我能泰然处之？是因为有三种思维的帮助。首先，虽然人少，但来的都是有诚意的，可以更充分地互动和交流，也是好事。其次，书店讲座就是这个特点，历来人就不多，再说，我也不是什么明星，这样很正常，没什么。再次，组织者做了该做的事情，做了必要的宣传，那么最后来多少顺其自然就可以了。即使一个人来，我也要怀着诚意去讲。有了这样的心态，我讲得自然生动，观众慢慢聚集得越来越多，讲座取得了不错的效果。

02 | 三种思维 1：
坏事变好事

我们遇到的挫折、不顺利，看起来是坏事，但"塞翁失马，焉知非福"，坏事本来就有好的方面，或者经过努力可以变成好事。

这是一个很普通、很平常的道理，人人都知道，但是很少有人把它变成自己的习惯性思维，所以遇到事情时想不起来，自然用不上了。所以，需要有意识地去运用，逐渐形成习惯性思维。

在遇到"坏事"的时候，先去想想事情有无好的方面，或者经过努力是否可以变成好事，如果是这样的，心情自然就轻松多了。

我有段时间腿受伤了，虽然这是件坏事，但是我可以在家里安心地写作，也不错啊。孩子某次考试成绩不理想，也有警醒的作用，能及早暴露存在的问题，及时采取措施加以改进，坏事就变成了好事。遇到了心理问题，虽然暂时是困扰，但也是成长的机遇，通过努力可以让这些经历变成自己的财富。

一位刚毕业的老师被分配在当地最差的一个初中，这个学校学生素质相对差一些，课堂秩序比较乱，家长对学习的重视也不够，她很伤心，哭了两天。我鼓励她，坏事也可以变好事，在相对差的学校，成绩压力小，还可以潜心研究一些教育课题，比如如何处理和学生的关系、如何维护课堂秩序、如何激励后进学生等，可以把精力更多地放到孩子的全面成长上，这样更能体现教师的价值。她听了感觉好多了。后来她也体会到，这个学校给了她很多不同的锻炼机会，如果分配在一个好学校反而没有这样的机会。

《道德经》中说：反者，道之动。转念之间，豁然开朗。

03 | 三种思维 2：
很正常，没什么

我以前是一个容易纠结的人，常常为了一些事情而烦恼。有一个朋友挺想得开，常常乐呵呵的。我发现他常说的一句话是"**多大的事啊**"，这让我若有所悟。是啊，很多时候是自己把事情看得太严重了，所以才有那么多纠结和烦恼，其实可能不是什么事，也没什么了不起的。

后来，"很正常，没什么"成了我的六字箴言。这六个字，看似平常，但它是淡定从容的秘诀。

为什么会痛苦、沮丧呢？可能是因为觉得事情很严重。但事情真的严重吗？是不是夸大了事情的影响，把它看得过于严重。"很正常，没什么"提醒我们看到事情的真相，不要放大它的影响。

不顺利的时候，如果感叹自己怎么这么倒霉，那么自然会沮丧、懊悔；换个角度看，人生不如意事十之八九，不顺利可能是正常的，谁都会遇到，那么可能就觉得没什么了。

比赛输了，难受也于事无补，可以劝慰自己：这很正常，谁都可能会输，有什么了不起的，下次再来！

不小心丢了钱，可能会有些懊恼，但这样有用吗？不妨转念一想，丢钱很正常，谁都会遇到这样的事情，以后注意就可以了，多大的事啊！这样就会坦然得多。

做一件事情，因为不太熟悉，所以没有处理好，心里有些遗憾；换个角度看，没有经验自然容易出差错，这很正常，总结教训就有经验了。认知变，情绪变。

网约车司机有时来晚了，为此埋怨司机而且焦急不已，也没什么用处。其实如果换位思考，司机也不可能熟悉每一段路，有时迟到也是正常的，晚了一般也没多大关系。这样，安然地欣赏一下路边的风景，也不错啊。

古罗马斯多葛学派的代表人物爱比克泰德曾举过一个例子："当你去澡堂的时候，你首先要想到，有些人会推搡，有些人会骂人，有些人会偷东西。所以在去澡堂前，你要对自己说，我要去洗澡了，我已经了解这些事情的发生是自然的。这样，当你真正遇到这些事情的时候，你就不会受到这些事情的打扰。"知道哪些事情是正常的，就会从容面对了。

一个男孩在我这里咨询，为很多事情做得不够好而自卑。其实他才二十多岁，做得不够好也"很正常，没什么"。情绪有些低落，他为此而苦恼：怎么就不能调节好自己的心理呢？其实心理调节是一门学问，他没有学习过，不懂得如何调节也是正常的，这不代表他无能。认知转变，他感觉轻松多了。

当然，有些挫折、失败不是"没什么"的，而是严重的，但细细去分析，可能不像想象中那么糟糕。比如高考失利，没有考上理想的大学，是比较严重的事情，但真的那么糟糕吗？其实未必。大学只是四年而已，学习是一生的事情，这四年能决定一生吗？未来的竞争是综合素质的竞争，学历的差异只是其中的一部分而已，机遇总是存在的，所以，应该坦然面对。

事情真的那么严重吗？真的有必要那么纠结、烦恼、痛苦吗？其实大部分只是想当然的结果而已，换个角度来看，原来是很正常，没什么的。佛法讲的"空"是指心的一种超然万物之上的境界，很多人不知道如何达到，可以说，"很正常，没什么"是一种帮助人们"放下执着"的方法，向超然的境界前进了一步。

04 | 三种思维 3：
顺其自然

我有一种核心思维：**努力去做，对结果顺其自然。**

遇到"坏事"，应该去努力，争取把坏事变成好事。但是事情自然会有不好的方面，而且可能还有些糟糕，不是"没什么"的。此时，还需要顺其自然。顺其自然之后，心就静下来了，不去懊悔、自责，面向未来，去做实在的努力，这是淡定而积极的态度。

"顺其自然"类似于"尽人事，由天命"中的"由天命"，通俗地说，就是"听天由命""服从命运的安排"，这听起来好像有些消极。很多人在成功学、励志课程的激励之下，常常相信意志需坚强，相信"只要努力，梦想就一定能实现"，所以，对此可能难以接受。

努力、进取也要遵循中庸之道。我们可以努力克服艰难险阻，争取能够掌握自己的命运，实现自己的梦想，但是如果尽力了，由于主客观条件所限而没有达到预期的结果，那么不妨顺其自然、听天由命。对于小事情也是同样的道理。这样一来，心情平静，减少了内耗，有助于继续努力。而不肯接纳现实，陷入懊悔、痛苦、自责之中，只会增加内耗，削弱前进的动力。

由天命，并不是说一生下来命运就注定了，不可改变，只是说一个人的力量是有限的，不是想怎么样就怎么样的，一个事情能否成功，是由很多主客观条件决定的。所以，在尽力之后可以安然接纳现实，服从所谓"命运"的安排。

孔子说：五十而知天命。晚清名臣曾国藩，年轻时信奉"人定胜天"，推崇意志的力量，他说："志之所向，金石为开，谁能御之？"那时他靠意志和才能也做出了许多事情。但是，在由"大荣"转瞬变成"大辱"之后，他陷入了抑郁之中，经常失眠。此时他才体悟到人力的无可奈何，命运的难以捉摸，开始"畏天命"。而体悟之后，曾国藩一改过去的急躁，在处理大事时变得从容不迫，反而立下了不世之功。

听天由命，看似消极，但是在"尽人事"之后"由天命"就是积极的。因为知道"人不是想怎么样就怎么样的""有些事情是自己不能决定的"之后，一个人所要做的，就是在尽可能的范围内尽自己的能力而已，而不必把失败的责任都揽在自己的肩上。这样，面对不顺利、失败会坦然、坚强，进而振作起来，继续去努力。毕竟人生是一场马拉松，不是百米冲刺，不把精力消耗在痛苦、懊悔、自责之中，反而更可能到达胜利的终点。

"尽人事，由天命""努力之后顺其自然"，这是中庸之道，帮助我们安然、宁静。

05 | 学会
三种思维，
做到实事求是

面对挫折和失败时，我们可以按照三种思维的顺序来分析：

先想想有无可能变成好事，如果有好的方面或能变成好事，心情就会平静些；

如果变不成好事，再看看这件坏事是否很正常，没什么，不像想象中的那么糟糕，这样可能会进一步淡定；

如果确实是一件比较糟糕的事，努力之后顺其自然就可以了。

Q：三种思维是不是一种自欺欺人的阿 Q 精神呢？

A：阿 Q 精神与认知疗法的道理是一样的，也是通过改变对事情的认知而调节情绪。不过阿 Q 精神是自欺欺人的，分明挨了打，他却想：这是儿子打老子。这是用虚假的胜利实行自我安慰。

而三种思维则是实事求是的：坏事本来就有好的方面，或者经过努力可以变成好事；人容易夸大事情的负面影响，其实事情本身并不像想象中的那么糟糕；有时也只能面对现实，顺其自然。其中包含了传统文化的智慧。

06 | 看似简单，却是解脱的法门

一位德国华人妈妈在我这里咨询。"很正常，没什么"给她带来了成长和改变：

学会三种思维，让我放下执着

我是一个容易纠结的人，太执着，虽然学佛多年，但还是不知道如何将佛法应用到生活中，所以没有多少长进。现在看来，维尼老师说的"很正常，没什么"就是佛法在生活中的应用。这六个字看起来很简单，但是它的用处非常大，它能让我放下执着，心情平静，学会接纳他人，接纳事实。

我以前特别纠结于孩子（四岁）不尊重我，认为这是个特别大的问题，我非常生气，为此打骂孩子，睡不着觉，差点抑郁了。维尼老师说，孩子还小，他的表现很正常，没什么，可能是情绪需要宣泄，不代表不尊重我。后来一想确实没什么大不了的，对他这么大的孩子来说是正常的，我也就没什么火气了。现在孩子偶尔也会好像不尊重我，但是我一想，小孩子，很正常，没什么，就不纠结了，也不会冲他发火。如果确实需要跟孩子沟通，我会等情绪平复后再跟孩子说。

"很正常，没什么"用得多了，就成了我的习惯性思维。遇到事情时一想"很正常，没什么"，就容易放下自己的执着，心情平静放松，也就有智慧解决问题了。

比如，以前我觉得薯片吃多了会上火，所以会很执着，非要严格定规矩限制孩子吃薯片，现在想想，多吃几片真的会上火吗？多喝点水就好了啊，其实没什么大不了的，小孩想吃几片也很正常。所以，现在能够灵活变通，本来说好给孩子吃两片，他实在还想吃，就多给他两片，这样大家都开心，孩子和我的关系也很好。我理解了孩子的某些额外要求是很正常、没什么的。维尼老师认为，规则的执行要有弹性。

这样，一两个月过去了，我的情绪越来越好。以前我一生气、紧张就会胃胀、背痛；现在胃好了，背痛也在好转，肌肉没那么紧张了。

以前每当事情达不到自己的要求，我就想不通，不接受，心里不高兴，会去抱怨别人。这样情绪逐渐积累，时间长了，我就有些抑郁，进而睡不着觉，就更加抑郁、焦虑。

比如生孩子的时候，我觉得生了儿子，婆婆和老公应该好好照顾我，他们没有达到我的要求，我就开始抱怨，情绪也变得糟糕，以至于睡不着觉，就这样负面情绪越来越严重，还导致我胃胀、失眠，最后得了产后抑郁症。现在想想，如果当时能及早改变自己的认知，理解婆婆和老公没有达到我的要求其实"很正常，没什么"，也就是说，有些事情他们可能想不到，这很正常，这样一来，负面情绪不积累，也就不会抑郁了。

以前婆婆说我一句，我会认为凭什么说我啊，就很不高兴，无法接纳。现在想想为什么不接受呢，那是别人的话，我控制不了，想让婆婆把话收回去也不可能。再说了，婆婆说就说吧，也很正常，其实没什么了不起的，我觉得婆婆说得不对，不去管就可以了，这样一来就不纠结了。

"很正常，没什么"看似简单，却是解脱的法门。回想那些曾经有过的纠结、烦恼、怒气，恍若隔世。

07 | 自我觉察，改变不合理思维

一位妈妈的领悟。

抑郁、焦虑，只因太勉强自己

一直觉得自己是个心理有问题的人，因为我经常觉得活着没意思，活着很累。有时不明白，别人可以悠闲地走在明媚的阳光下，为什么我却做不到。女儿的到来给我带来的并不是喜悦，更多的是忧虑！我怕她像我这样活着，快三十岁了，一事无成，连个朋友都没有。这个世界上没人理解我！这是多么可悲的人生啊！我曾经一度不能看到或是听到"一生、一辈子"这样的词，否则我会抑制不住地流眼泪。

有一段时间，我陷入痛苦之中无法自拔，好像整个世界都没有可以使我感兴趣的东西，这种感觉太可怕了。在恐惧和痛苦中，我开始失眠、掉头发、嘴巴起泡。我觉得不能再这样下去了，于是找到了维尼老师，请他帮助我。

第一次打电话咨询，我的情绪就已失控，我一边哭，一边语无伦次地诉说自己从小到大的种种痛苦。我是那样地渴望被理解，渴望被倾听。维尼老师不但很认真地听完我的哭诉，还告诉我，我有这种情绪很正常，他理解我。我被感动得再次哭泣。一个多小时之后，我的情绪慢慢平静下来，老师才一点点指出我的困惑和痛苦的源头：我不接纳现在的自己，我要强，总是在勉强自己。

维尼老师提出的这几个问题，是我自己从未意识到的。原来我一直觉得自卑、悲观。为了克服这两个问题，我读了很多励志书和名人传记，但是通通没有效果，反而因为自己做不到而压力更大。我也很疑惑：看了这么多书，为什么还是这么痛苦？现在我明白了，我从未认清自己的病症所在，没有对症下药，又怎么能好起来呢？

第二天，整个下午我都在看维尼老师的几篇博文，一遍一遍地反复看。几个小时后，认知疗法就派上了用场。我的习惯性思维：怎么一下午才看了这么几篇博文啊？都是因为我的学历低，所以悟性差！这时我心里是很不舒服的。但我马上想到认知疗法：我又在勉强自己了，又没有人规定一天必须看几篇博文，也没人逼自己，学会才是目的啊！改变认知后，我自己都笑了，总是和自己这么较劲，活得多累啊！为什么不能顺其自然呢？

找到根源，再对症下药，疗效不是一般的好啊！我能感觉到自己每天都在进步。有一天晚上，我请老公帮我把地图粘在墙上，胶带我都准备好了，他却说明天再弄。我又叫了他几次，他坚持说明天弄。如果是原来的我，我不是找他发脾气，就是气得睡不着觉。此时我试图转变自己的认知：明天就明天呗，顺其自然，只是晚一天而已，有什么大不了的？为什么那么追求完美，非要今天弄完？这样我就不生气了，安心地睡觉了。

就这样，当自己有不良情绪时，我学会了去识别情绪背后不合理的习惯性思维，逐渐建立合理的习惯性思维，我的情绪越来越好。

前几天，老公一直嫌电脑反应慢，就重装了系统。后来，我发现原来存在电脑中的女儿从出生到现在的所有照片和视频都没有了。这是多么珍贵的东西啊！我的火气一下子就起来了，马上给还在上班的老公打电话，指责他。孩子感觉到了我的坏情绪，非常害怕，一直要我抱着她，不肯下来。我意识到这样不但解决不了任何问题，还会吓着孩子，就尝试去改变对这件事情的认知：老公有时想不到其实是很正常的，他也不是故意的，也不想这样，他也很后悔。这样想，我就平静些了。另外，事情真的那么严重吗？想想我的QQ空间中有一部分照片，相机中还有一小部分，妹妹那儿也有一部分，算一下，损失也不像想象中的那么严重。而且坏事也可以变好事：总结经验教训，以后一定要备份，再买个移动硬盘，和电脑双保险存储，避免再出现类似问题。几分钟后，我彻底平静了，又给老公打了个电话，把我的想法和转变同他说了一遍，老公很是受用，对于我的宽容也很感动。这次事件，把我俩的关系拉得更近了，还真是坏事变好事了呢。

调整好心态，才能有正确的思考和判断。以前我的心态不好，走了很多弯路，浪费了很多时间。以读育儿书和育儿类博客为例，以前只要遇到不懂的理念和方法，我的习惯性思维就是：我学历低，我无能，我对不起女儿。所以我感到很沮丧，也就没有信心和劲头去学习了。现在我的认知改变了：就是因为不懂我才要学习啊，学会了不就懂了吗？其实道理就这么简单，但原来的我却像被施了魔法一样深陷其中。现在看来，破解魔法的咒语就是认知疗法。

所谓静能生慧，心态平和了，我开始思考适合女儿使用的一些小方法。女儿（两岁多）这几天在玩动物串珠，她自己可以坐在那里一动不动地穿上半天。我在思考，是不是可以和女儿一起玩。我说小动物的英文名字，让她找来穿，这样她就可以学一些英文啦。结果效果很好，通过游戏，女儿学会了不少英文，而且玩得很开心。

我学会了三种思维，也把这种淡定的思维模式传递给了孩子。孩子用积木摆高楼，开始她自己摆了几次，都不是很高就倒掉了，后来就不肯再摆了，总要求我来摆。我摆的时候，也故意摆得不是很高就让它倒了，我表情很轻松地对她说："倒了也没什么关系啊，很正常的，再摆的时候要轻一点哟！"几次下来，她受到我的感染不再那么抗拒"高楼倒塌"了，开始自己摆，倒了之后还不忘说一句"轻一点哟"。学得还真快呢！

原来，我不明白自己为什么会是那个样子的，看了很多育儿书之后，我了解到我的诸多不快乐都来源于我的童年，越是了解越是无法释怀。在给自己贴上这个标签后，我开始拿着放大镜到回忆中去寻找童年的种种被伤害的经历。这让活在"当下"的我很是痛苦。读了维尼老师的一篇博文《不再抱怨父母，自己担起责任》后，我豁然开朗。是啊，怪父母是没有用的，我的心态是可以通过改变认知来改善的。现在再回忆童年，也不尽是伤害，也有父母对我们的爱啊。放下了对童年的纠结，我顿感轻松！

　　心态变好了，世界也就变得美好了。现在我和老公的关系以及我教育女儿的心态都走上了良性循环的轨道。

　　认知改变，是我人生美好的开始！

　　真心地感谢维尼老师！

08 | 认知疗法的
局限性

改变认知是心理成长最重要的方法，应用广泛。但是，心理是复杂的，与多种因素有关，比如情绪、习惯，所以，认知疗法有其局限性，在某些情况下，需要其他方法的配合，单纯运用认知疗法效果并不太好。

比如，在有强烈的情绪状态，如抑郁、愤怒、烦躁、焦虑等时，最好是先通过运动等方式转移注意力来调节情绪，等情绪平静之后再调节认知，这样效果更好。

再如，恐惧这一类的情绪常常是莫名的，改变认知的效果不太好。此时，系统脱敏法（行为疗法的一种，简单来讲，就是逐步地、循序渐进地适应和克服恐惧，在每一步，恐惧都是容易接受和克服的）可能有更好的效果。

再举一例，在我看来，强迫症实质上是一种习惯性怀疑，与习惯有很大的关系。所以，只是去改变认知，不能取得良好的效果，需要采用综合解决方案。

CHAPTER / FOUR

第 四 章

影 响 我 们 的 神 秘 力 量 : 驱 力

内 心 的 重 建

为什么我们有时难以自控，行为、情绪不听意志的指挥？这往往是由于驱力对我们有影响。在心理学界，对驱力的研究一百多年前就已经开始了，大众却并不熟知，驱力也没有被充分应用到心理成长之中。让我们一起来了解一下这种神秘的力量吧。

01 当时忍住就好了——人为何难以自控

相信很多人都曾面临一个困扰：为什么有时难以自控？比如，知道不应该发火却忍不住；想按时完成任务却一再拖延；明知道有些事不该做却还是做了……

说起来可能有多个原因，有一个原因可能很多人都有些陌生，初次接触感觉有些神秘，这就是因为有驱力存在。其实在一百多年前，很多心理学家就开始研究驱力了，但是在心理成长方面驱力却没有得到充分的应用，也不为大众所了解。这不能不说是一件遗憾的事情。

理解驱力，对于理解心理、做情绪和行为的主人有重要的意义。

首先观察一下自己。是不是有时感觉难以自控，行为不听意志的指挥？有时体内好像有两股（甚至更多的）力量在斗争？一股是意志，此外还有一股（或者几股）不"听话"的力量。意志让你向东，那股（些）力量却驱动你向西；明明知道不应该向"西"，但是不由自主地那样做。

一位男孩在我这里做咨询。他有追求完美的性格，对书写尤其追求完美。字写得不好，他觉得不舒服，非要擦掉；但是擦掉之后又觉得不那么干净，觉得难受。他说，感觉体内就像有两种力量在斗争。

这种"神秘"的力量是什么？

这就是驱力。心理学的定义是：**驱力是指个体由生理需要所引起的一种"紧张状态"，它能激发或驱动个体行动以满足需要，消除紧张，从而恢复机**

体的平衡状态。

其实大家对驱力并不陌生。比如对上瘾的人来说，想打牌、抽烟、喝酒、玩游戏、看微信的时候，虽然知道不该这样，却好像被一种力量吸引着或推动着不由自主地去做了；对强迫症患者来说，如果想去反复检查、验证，是难以忍住不去做的，因为此时会感觉很不舒服（紧张状态），去做了这种紧张状态才会消失；很生气的时候，情绪就是一种驱力，让人感觉难受，我们去发火才会舒服些……这些都是驱力的推动作用。在驱力的作用之下，虽然意识到不该这么做，但是如果想克制的话，就会陷入一种紧张状态，去做了才会觉得舒服。

驱力通常会在两个方面对我们产生负面影响。

一是驱力不足，导致拖延。比如知道该开始写文章了，却不想动笔；知道该开始学习、工作了，却不想开始；知道该锻炼了，却懒得去；知道要干家务了，却懒得动弹……缺乏驱力，意志战胜不了惰性，就会造成拖延。

二是当意志与驱力相矛盾的时候，驱力太强，驱力有时战胜了意志。比如，我们明知道不该看微信、玩游戏，却还是忍不住去看、去玩；知道不应该对孩子发火，却忍不住大发脾气；知道不该喝酒，却不由自主地又多喝了几杯；对强迫症患者来说，明明知道不该反复检查，但还是忍不住又去做了……由于驱力的作用，我们难以自控。

这些就是驱力与意志的错位。

这也是目前拖延症流行的重要原因。该做的事情因缺乏驱力推动，所以拖着不想去干；同时抵御不了手机、电脑等电子产品的诱惑，在驱力的推动下做了不该做的事情。

02 | 意志并非
唯一的主宰——常见
驱力来源

常见的驱力有以下几种。

1. 情绪驱力

情绪通常会产生一些"紧张状态"或"不舒服感"，推动我们不由自主地去做些什么以宣泄或消除这种感觉。古人有一个成语——情不自禁，恰当地描述了这一现象。

高兴、快乐的时候，比如看比赛兴奋、激动时会情不自禁地大叫、鼓掌、跺脚，甚至跳起来，这样才舒服过瘾；有了高兴的事情，忍不住想与别人分享，说了之后才感到舒服。我在青岛喜欢看中甲、CBA 比赛，主场球队获得胜利之后，总想去贴吧看看大家的评论，发发言，才觉得痛快。

类似地，烦恼、纠结、愤怒、遗憾时，我也想找个人说说，说完了就舒服多了。生气的时候，我可能会忍不住骂人、摔东西，想忍也忍不住，不然会感觉难受。抑郁、忧虑、焦虑的时候，不舒服感让人难受，会驱动我们不由自主地反复想相关的事情。恐惧的感觉也会驱动我们避开那些令人害怕的事情。

在情绪的驱动之下，人可能"情不自禁"，难以自控，这是心理的规律。

为了提高自控力，我们可以加强意志力，但是效果有限，意志也常常失效。

最好的策略是"釜底抽薪"，通过认知疗法来改变自己的情绪，也可以通过转移注意力的方式让情绪恢复平静。情绪改善了，自控自然容易。

2. 思想意识的驱力

思想意识可以分为三类：

一是有意识思维产生的，属于我们的意志、理智，这是行为的指挥官，产生的驱力可以称为意志力。计划、安排、目标、需要、期望产生的驱力都可以归到这一类。

二是直觉式思维产生的，有随意性，与意志的要求可能相矛盾。比如，本来要开始工作，结果临时想起来要做什么事情，就影响了工作进度。

三是习惯性出现的思想、意识（习惯性思维），比如回家就想看手机，到了时间就想去锻炼，看到家里乱了就想收拾一下，这与习惯的驱力是一致的。

3. 欲望的驱力

弗洛伊德说：人类是充满欲望并受欲望驱使的动物。

人有各种各样的欲望，当欲望从心里升腾起来时，就会成为一种驱力。

如果欲望与意志一致，就会有力地推动人们去行动。有一些欲望，比如胜利、成功、成就、成名、赚取财富、获得权力、得到认可、受到重视、赢得爱情的欲望会有力地推动人们去拼搏、努力。

当欲望与理性或意志相矛盾时，它就会常常成为捣蛋鬼，有时我们对它无可奈何。

很多人减肥失败，有时是因为美食勾起的欲望战胜了理智；性欲的驱力有时也会让理智"颜面扫地"；如果想玩游戏、打牌、吸烟、喝酒，或赌博成瘾，那么这种欲望的驱力往往难以抵抗；有些人表现欲很强，就会爱出风头，惹人厌烦。

有一段时间我总去看微信的消息，参与微信群的辩论，虽然我明明知道这样浪费时间，却总是忍不住。这就是因为多种欲望在驱使着我。比如好奇、看热闹的欲望，表现自己的欲望，分享、宣泄的欲望，争强好胜的欲望，辩论中防卫的本能，等等。

好奇心也是一种欲望，推动人们去把事情搞清楚。比如，孩子写作业时，如果听到父母说什么新鲜事时，会忍不住凑过来问是怎么回事，这就是好奇心的驱动，对大多数孩子来说，要求他克制住不大容易。如果我们从这个角度来思考问题就会理解孩子了。

对洁癖患者来说，当怀疑手不干净时，完成的欲望会驱动人不由自主地去洗手，不去洗就会觉得难受，洗了才会觉得舒服。东西找不到，完成的欲望会让我们觉得不舒服，驱动我们去找。这些都与心理张力原理有关。

∽ 维尼小语 ∽
心理张力原理

你不妨试一下：一笔画个圆圈，在交接处有意留出一小段空白。回头再瞧一下这个圆吧，此刻你脑子里必定会闪现出要填补这段空白弧形的意念。因为你总有一种未完成感的心态，想要竭力寻求终结途径，以获得心理上的满足。德国心理学家勒温认为：人类有一种去完成一个行为单位的自然倾向，比如去解答一个谜语、学习一本书等，这就叫"心理张力"。

欲望产生的驱力有时难以抗拒，所以不易自控。这是心理的规律。

4. 习惯的驱力

习惯的驱力非常重要，它稳定持久地发挥作用。好的习惯会帮助我们顺畅轻松地做一些该做的事情，不良习惯则是难以克服的障碍。如果能够改变不良习惯，建立良好习惯，自控就会容易一些了。

我家附近有一个游泳馆，我办了一张年卡，有一段时间几乎天天都去，因为我养成了习惯，所以每次去都很自然。后来因为一些事情好几个月没去，等我再想去的时候我就懒得动弹了，需要鼓鼓劲才会去。一起游泳的几个朋友，都有这个感觉。这就是习惯驱力的作用。

很多人一直没有意识到驱力的存在，但是它一直在有力地影响着我们。意志不是我们唯一的主宰。如果情绪、习惯、欲望、本能与意志相矛盾，那么在驱力的作用下，意志可能会暂时失去主导地位。

一个人就像一个团体，意志是团体的领导，情绪、习惯、欲望、本能、习惯性思维等是下属。如果大家想法一致，团体就运行自如；当出现矛盾时，如果领导力量足够强，那也能按照领导意图运转；如果领导疏忽了或者部下力量过强，那么就会失控。

03 | 如何
通过驾驭驱力，
提高自控力

　　下面介绍一些方法，可以帮助我们驾驭驱力、利用驱力，以提高自控力、改善拖延症。

1. 主动想象，增加驱力

　　与思维、语言相比，生动的想象能够更直接地产生驱力。所以，当驱力缺乏的时候，我们可以去主动想象、激发驱力。

　　我大学毕业后来到一个科研机构，单位每两年会举行一次运动会，跑步是我擅长的，我能拿几个冠军。开始的几年，我在赛前会不由自主地想象比赛中让人激动的场景，于是自然会兴奋激动，渴望比赛（驱力增加）；后来，比赛参加多了，逐渐想象少了，也就没有那么兴奋了（驱力减少）。恋爱中的男女，和女（男）友约会之前，也会不由自主地想象见面的情景，那么他们通常是充满期待的（驱力增加）；而等相互熟悉和习惯之后，对约会的想象减少了，期待也就不那么强烈了（驱力减少）。由此可见，丰富生动的想象能够增加驱力。

　　在这两个例子中，想象都是自然出现的，让人期待、兴奋、激动，能够自然地激发出驱力。当然，我们也可以主动去想象。

我不大想写作的时候，会想象看到一篇流畅、充满智慧的文章诞生后的喜悦，这样就有热情去写作了。

懒得出去办事，想象一下在阳光下行走清风拂面的感觉，要出去就很容易了。

不想洗澡，想象一下热乎乎的水冲在身上舒服的感觉，沐浴后神清气爽、精神焕发的形象，这样我就愿意去洗澡了。

懒得去晒被子，想象一下有阳光味道的被子盖在身上暖烘烘的感觉，这样我就有劲头去晒了。

懒得叠被子，想象一下床铺整洁的美妙，这样我就想去叠了。

不想去参加赛前训练，想象一下比赛时那激动人心的场景，动力就来了。

在形成习惯之前，需要主动、有意识地去想象，慢慢形成习惯之后，驱力会自动产生，就不需要主动想象了。

2. 改变认知，驾驭驱力

驱力会驱使我们不由自主地做一些明知道不该做的事情。改变认知，形成合理的习惯性思维，是减少此类驱力的一种好方法。

比如想减肥，却不由自主地又吃多了。这种行为背后存在着与主观意志相矛盾的认知。比如看到饭菜剩了，不想浪费，或者怕到下一顿就不新鲜了，所以想吃完算了。这时不妨转换认知：吃了更浪费，想减掉摄入的能量多麻烦啊，剩下就剩下吧。有时怕吃得不够或者饿坏了肠胃，这种认知也有不合理的成分：成人所需要的食物比我们想象的要少，而且只要不过分节食、按时进食、少食多餐就不会把胃饿出毛病。认知改变了，克制就容易多了。

经受不住手机和游戏的吸引，可以反复说服自己：这些其实没啥意思。这句话看似简单，但是如果形成了习惯性思维，则有助于抵御诱惑。

面对他人的谩骂和人身攻击，可能会忍不住想去回击对方，但是这样可能会两败俱伤。如果想保持自己的风度，而且心态平和，可以告诉自己一句查理·芒格的名言：不要和猪摔跤，猪乐此不疲，你却沾了一身泥。这句话能够很好地消除回击对方的冲动（驱力），内心坦然平静。

很多父母明知道不应该对孩子过多地发火，但是忍不住。这是情绪的驱力所致，火气大了，想忍是难以忍住的。想减少自己的火气，可以通过理解孩子，改变自己的认知，认知改变了，火气自然就减少了或者没有了，所以不需要克制，驱力自然会减少或消失。

另外，如果驱力不足，也可以通过改变认知来增加驱力，比如树立适当的目标，认识到事情的重要性和急迫性等。

有一位六年级男孩在我这里咨询，他追求完美，纠结于一些小事情。比如是先写作业还是先玩，哪个更有效率？穿长袖还是穿短袖，哪个最好（临近毕业考试，怕穿少了感冒）？他会为这个事情和妈妈吵一两个小时，心里过不了那个坎儿，非要一个最佳答案。这个坎儿就是追求完美的认知产生的驱力，不找到最佳答案好像总觉得不舒服。

如果想消除这种驱力，就需要改变追求完美的认知，以及在各个具体的方面的习惯性思维。比如，先写作业还是先玩，效率也许只差十分钟，但是为此纠结一两个小时就不值得了，所以，自己喜欢怎么做就怎么做，不必非要寻找最佳答案。认知改变了，驱力自然减少，就不那么纠结了。当然，认知改变的过程可能并不容易。

3. 调节欲望，转移注意力

如果出现了不适合的欲望，对工作和生活产生了障碍，那么如何调节呢？有两个途径，一是改变认知，二是建立新的习惯。

以前我有一个问题，家里的东西如果找不到了，我总觉得不舒服，所以会执着地去找，这就是"完成欲"的驱动作用。这种行为不太合理，会耽误时间和事情，所以需要改变。我慢慢说服自己，改变认知：东西又没长腿，丢不了，肯定还在家里。想找的时候怎么也找不到，不找的时候可能不经意间就发现了。转换认知，就不执着于非要找到了。成为习惯性思维之后，行为习惯也就改变了。

有的孩子脾气急躁，遇到什么事情就急得不行，这也是驱力太强烈。不妨渗透新的认知：不着急，慢慢来。渗透得多了，成了孩子的习惯性思维，他可能就不那么着急了。

如果过于期盼，有时也会感觉煎熬，感觉不太舒服，所以可以调整认知：也许自己想象得太美好了，完成心愿时可能没那么美好和精彩（这也是一个普遍的现象，符合实际）。这样就可以悠然一些地等待了。

另外，欲望有时只会持续几分钟，此时不妨转移注意力或者适当忍耐、克制，过一会儿可能就会自然消失。有一次，我听说一位同事发生了些奇怪的事情，我有些好奇，但理性告诉我不该去打听。那么怎么克制呢？转移注意力是个好方法，和别人聊了一会儿天，慢慢地欲望就消失了。

有时可以从欲望的根源入手。比如明知道追剧太花时间，却被剧情的跌宕起伏所吸引，不妨先把分集剧情简介看了，失去了悬念，那么欲望就会减少很多。美食的诱惑难以抵挡，可以在饭前多喝些汤，感觉饱了，欲望自然减少。

欲望太少也会造成拖延。比如孩子写作业磨蹭，就是缺乏写作业的欲望，我们可以去帮助孩子取得进步和成就感，从而产生兴趣和信心，这样自然就有了想学习的欲望，写作业就不那么磨蹭了。

4. 利用习惯的力量

习惯的驱动力量持久而稳定，对于自控、克服拖延很有帮助。

如果孩子习惯于看电视，那么他会总想着去看，想克制也比较难；如果养成了不看的习惯，那么甚至会想不起来看电视。

没有锻炼身体的习惯，想去锻炼总觉得懒得动；养成了习惯，不去锻炼还会觉得难受。

打算减肥，开始克制吃的欲望还需要费些力气，形成新的饮食习惯后，就轻松多了。

曾经，一上网我就会先去看财经新闻，这影响了我的写作计划。后来，我逐渐克制自己，减少看的时间和次数，慢慢就不看了。形成习惯后，我不需要自我克制就能轻松做到了。

如果对于学习和工作常常拖延，那么可以设法（比如用想象的方法）让自己启动，几次之后如果能形成习惯，就容易进行了。比如我写作新书时，开始可能不太想动笔，在养成习惯之后，写作就自然顺畅多了。

5. 做事之前先热身

如果觉得工作任务繁重，那么可能会不太想开始。此时可以先做一些比较简单的事情，热热身，有了驱力就容易进入工作模式了。

去跑步，开始可能懒得动，先慢慢跑跑、热热身，等活动充分、有了跑步的驱力，就迈开大步动起来吧！

有时不想开始写作，那就先写一点简单轻松的，有了写作欲望再进入正轨。

我女儿有一段时间不想弹钢琴，我建议她先弹一些熟悉的曲子，逐渐激起弹琴的欲望，再去练习新的、难的曲目，这样就容易顺利地完成练习。

孩子看到作业多，不想写。那么可以先写一些轻松的作业，有了驱力，再写难的作业也不迟。

热身有助于形成习惯，从而改善拖延。

6. 借驱力之势

人们常说，趁着热乎劲儿赶紧把事情做了，就是说此时有驱力，愿意做，那么顺势多做一些事情更有效率。如果过了热乎劲儿，驱力消失了，就懒得去做了。

比如，从外地旅行回来，如果趁着热乎劲儿把箱子收拾好，那么很快就能完成了；如果不马上收拾，可能好几天也懒得去收拾。工作、学习、做家务、劳动、锻炼都有这个特点。

孩子也是如此。比如孩子写作业或者看书劲头正足，此时即使吃饭时间到了，也可以趁着驱力让孩子多做一会儿，这样更有效率。

7. 借助外界力量

驱力的影响是显著的，有时需要借助外力以更好地自控。

如果不想学习，可以找一个适合的环境，比如图书馆、咖啡厅，良好的氛围可以帮助我们沉静下来。

网络、微信上有一些打卡学习小组，比如扇贝单词等，借助团队力量可以增强学习的驱力，抵御诱惑。

为了抵御看手机的诱惑，可以使用 Forest 等番茄钟类 App，每完成一个30分钟的番茄钟，都会种上一棵小树，如果中途打断，树苗就会死亡，App还有温馨可爱的提示语，帮助你会心一笑，放下手机。

适度的压力也有助于摆脱拖延。以前的一位同事已经是名校本科毕业，但还是去报了自学考试，借助考试的压力去学习一些东西。

在家庭教育中也是如此。如果只依靠自己的力量，孩子往往难以抵御手机、游戏、玩耍的诱惑，所以会有拖延的现象。此时，如果亲子关系良好，父母也注意方式、方法，那么对孩子进行适当的限制、管理，能帮助他更好地抵御诱惑。

04 | 克服
拖延症，
需要综合解决方案

　　我开始写作本书的时候就曾受过"拖延症"的困扰，难以抵御手机的诱惑，常常忍不住去看微信、QQ 的消息，参与微信群的"争吵"，耽误了不少时间，写作计划也因此一再拖延。不过，这也是我心理成长的机遇，给我提供了不少观察、分析驱力的机会，还给我机会研究如何摆脱拖延症。

　　摆脱拖延症并不容易，往往需要综合解决方案，慢慢来。

　　现在回想起来，最重要的还是改变认知。比如为什么会去关注微信呢？往往有多种原因、多种欲望在驱动着自己。想消除这些欲望，有一个诀窍，就是告诉自己这些事情其实没啥意思。比如，在微信群发言或发帖子其实没意思，去看别人的发言或者帖子也没意思，去质疑别人没啥意思，去争论其实也没意思……这些事情是否有意思其实只在一念之间。通过不断暗示自己，形成习惯性思维，就会真的觉得没意思了，那些欲望自然就减少或消失了，也就容易自控了。形成习惯之后，我甚至想不起来去关注、参与这些事情了。

　　刚开始写作时，工作量比较大，困难比较多，所以我还需要运用自己的意志力，比如形成目标、获取动力，以帮助自己抵御诱惑，增加写作的驱力。

　　我还曾使用过 Forest 软件，我把写作需要的软件加入白名单，可以照常写作，而如果看微信和 QQ，那么软件里的树就会枯萎。这给了我一点压力和动力，有助于克制自己。另外，我会选择一个不错的环境，比如去咖啡厅写作，那里的气氛也让人坐得住，有助于增加写作的驱力。在不太想写的时候，就想象一篇妙文出炉之后的感觉，这样就有些驱力去写作了。另外，我新购置了苹果笔记本电脑，这也给写作增添了一些愉悦。这样逐渐形成了习惯，驱力自然推动我去写作了。

另外，写作本身也有乐趣，写得多了，有了进步和成就感，会进一步增加兴趣和信心，越来越期待写作。

这样，想看手机的驱力慢慢减少，写作的习惯慢慢形成，从写作中获得的乐趣越来越多，拖延症就逐渐离我而去了。

CHAPTER / FIVE

第 五 章

少 有 人 掌 握 的 情 绪 奥 秘

内 心 的 重 建

在心理成长的过程中，认知的改变是非常重要的。除了认知，影响心理的因素还有很多，情绪是其中很重要的一种。了解情绪的规律，掌握调节情绪的方法，有助于更好地了解和驾驭心理。

01 | 情绪
为什么有时
不受意志的控制

说起情绪，很多人会觉得这是一种心理现象。这是有道理的，不过情绪不仅是心理现象，也是生理现象，有生理的基础。它与神经、大脑、肌肉、内脏、激素（多巴胺、内啡肽……）等多方面的因素有关。

情绪为什么有时不受意志的控制？这与自主神经有关。情绪会唤醒自主神经系统，通过它的活动，广泛刺激各个器官和组织，引起明显的生理反应。同时，自主神经系统的活动对情绪起着支持和延续的作用。而**自主神经是不听意志指挥的，所以，情绪会自动持续一段时间，不是想改变就能改变的。**因此，情绪有时不听意志指挥，虽然明知道不该生气、不要紧张、不该焦虑、不要恐惧，但是做不到。

根据这一规律，可以从情绪的生理基础入手来调节情绪。

深呼吸可以直接调节情绪，尤其是紧张、焦虑、烦躁的时候，深呼吸会改变生理状态，从而缓解情绪。有时忍不住想笑，笑出来可能不合时宜或者尴尬，怎么办呢？这里透露一个我常用的小秘诀：深呼吸几次，放松下来就不那么想笑了。

运动也可以改善情绪。运动会改善血液循环，让身体更通畅，改善身体的感觉，促使大脑分泌"快乐素"（内啡肽），让人有快乐的感觉。另外，运动还有转移注意力的作用，可以让情绪的各种生理反应慢慢消失，趋于平静。有时如果陷入某种不良情绪难以自拔，运动是一个从中解脱的好方法。

　　另外，洗热水澡、按摩会给身体以良好的感觉，对于改善情绪有帮助。

　　与异性交谈时可能会紧张，当紧张的情绪已经产生时，心理调节就会有些困难。不妨暂停，去洗手间洗洗脸或洗洗手，清凉的水会使人平静一些，在此基础之上的自控自然会容易一些。

　　另外，药物因为可以改变不良情绪的生理基础，所以在抑郁症、焦虑症、恐惧症的治疗中有时能暂时改善情绪。

02 | 坏情绪
会致病：
情绪与身体健康

　　情绪对生理有显著的影响。比如糖尿病、冠心病、高血压的形成都与不良情绪有关；心理紧张、压力大也会导致各种病痛，比如胃痛、背痛、头痛等。我以前患有紧张性头痛，每当心情烦躁的时候，肩部、颈部、头部肌肉就会紧张，造成头痛。

　　一位妈妈每当对婆婆不满、心情烦躁时，背部肌肉就会紧张、疼痛；因为孩子而生气的时候，她也会胃痛和胀气。在我这里咨询之后，她改变了不合理的习惯性思维，情绪平静了，胃的症状自然就消失了，背痛也好转很多。可见，情绪对身体健康很重要。

　　同时，身体状态也会影响情绪。比如头痛时容易烦躁；身体的紧张也会引起精神的紧张；睡眠不足、疲劳会影响精神状态。如果身体状态好、头脑清醒，则情绪也容易放松、平静。所以，调整好身体的状态有助于情绪的改善。

03 | 认知
影响情绪，
情绪也会影响认知

认知会直接影响情绪，同时，情绪有时也会有力地影响认知。

中秋节回老家住了几天，四面环山的小山村，空气清新，与父母在一起其乐融融。早晨开车启程回青岛，倒车的时候我不小心把车蹭了一下，虽然问题不大，但是还是感觉有些遗憾。

那就调节一下情绪吧。我先改变认知，用三种思维来分析一下：第一，坏事变好事。这个小事故提醒了我，以后开车要更小心一些，这样会避免更大的事故，这也是一个心理成长的机会，所以也是好事。第二，很正常，没什么。只是小剐蹭，以后维修的时候顺便修了就可以了，没什么大损失。第三，顺其自然。既来之则安之，我的驾驶技术还不过关，所以出这样的问题是应该的，不用懊悔。

这样一想，我就释然多了。但是遗憾的情绪还在心中，这让我感觉不舒服，驱动我不由自主地想这个问题，想到损失。我知道这是情绪的驱动作用，所以先去转移注意力，专心开车。这样情绪慢慢消散，过了一会儿不知不觉就平静了。再想到这个事情时，我首先想到了三种思维。另外，在平静的状态下，觉得好像也没什么了，所以也就释然了。

从这个例子中，我们可以观察到情绪和认知的相互作用，改变认知会调节情绪，情绪也会影响思维和认知。

情绪对思维、认知的影响存在两个规律：

1. 情绪驱动思维

强烈的情绪会让人有不舒服的感觉，从而提示、驱动或吸引我们去关注、思考那些引发情绪的事情。这也是"情不自禁"的一种表现。

比如，和别人发生争执之后，如果感觉憋屈、郁闷或气愤，这种情绪会持续一段时间，它的存在会提醒或驱使人们不由自主地去想引起争执的事情，即使理性上认为不应该想了，也会情不自禁地思来想去。而当情绪恢复平静之后，人们可能就懒得去想或者根本想不起来这些事情了。

抑郁的情绪也是如此，它让人感到难受，驱动人们去想那些令人担心、纠结、忧虑的事情，以期摆脱这种情绪。虽然明知道不该想，但无法自控。

焦虑、担忧和恐惧的情绪也有这样的功能，提示人们去关注相关的事情，思来想去，欲罢不能。

快乐的情绪也会让人情不自禁。比如刚和男（女）朋友甜蜜地度过了一个晚上，快乐的情绪荡漾在心头，吸引你不由自主地去回想那些美好的画面，而这些想象也会让快乐的情绪持续，嘴角带着微笑，幸福写在你青春的面孔上。

情绪越强烈，就越容易情不自禁。

2. 情绪与认知的共鸣效应

我二十多岁时，曾经陷入中等程度的抑郁状态之中，持续了一个月，所以有机会在煎熬中反复体验情绪与认知的共鸣效应。在抑郁的状态下，虽然理性上我知道应该多去想积极乐观的事情以改善情绪，但是即使有意去思考，对积极、乐观的方面感觉还是迟钝、麻木，通俗地讲，就是没有感觉，难以继续下去，所以对改善情绪的作用也不大。而在抑郁的状态下我对负面、悲观的事情却非常敏感，会产生丰富、放大的联想，而且"生动鲜活"，这自然会让人情绪持续低落，所以，我就像陷入了情绪的泥潭，难以摆脱。从抑郁症来访者那里，这种效应也得到了验证。

也就是说，**抑郁情绪与负面、消极的认知容易产生共鸣，但与积极乐观的认知不合拍，产生不了共鸣。这种效应是抑郁症难以治疗的根本原因。**

另外，在强烈的焦虑、恐惧、忧虑的情绪下也会有类似的规律。有一位来访者常常因为一些小事陷入担心、焦虑的旋涡之中，有一次去理发时不小心被剃须刀刮出了血，他很恐惧，担心被传染艾滋病。在恐惧的情绪之下，他会反复想各种可怕的后果，对与此有关的线索格外关注。他也曾试图宽慰自己，但是没有一点效果。所以连续几周都处于恐惧之中。

在强烈的情绪之下，改变认知的效果往往不佳。此时，首先要去转移注意力，比如运动、聊天等，直接调节情绪；情绪暂时好转之后，再试图去转换认知。

情绪与认知的共鸣效应是一个普遍规律。快乐的时候也是如此。可以内省一下，在快乐的时候你想到的是否大都是乐观的事情，而此时对于负面悲观的事情就比较迟钝、不敏感。

举一个很多人都熟悉的例子——股票投资，在市场持续上涨的时候，在乐观的情绪之下，股民注意到的都是经济方面乐观的消息，对于悲观的消息视而不见；而当市场持续下跌时，在悲观的情绪的影响下，股民转而又去关注负面、悲观的消息，对于乐观的消息则没有感觉。其实经济本身可能并没有太大的变化。

所以，我们常说的"信心百倍"，某种程度上是在乐观的情绪作用之下，对正面积极的信息敏感，对负面消极的信息迟钝，从而信心倍增。

所谓"心灰意冷"，也体现出情绪的影响，在悲观的情绪之下，负面、消极的方面被放大，对正面、积极的东西没有感觉，所以，人就会心灰意冷。

在家庭中也是如此，因为孩子而生气的时候，想到的、看到的都是孩子表现不好的方面；而和孩子愉快相处的时候，眼里又都是孩子可爱、美好的方面。其实孩子还是那个孩子。

遇到不顺利时，懊悔自己不该那么做，情绪驱动之下不自觉地去想着这些事情，难以排遣。事情过去了，平静了，再想起此事觉得好像就没什么了，也不大介意了。

在焦虑的情绪下人们也有类似的表现。一位妈妈在我这里咨询，说孩子在学校大发脾气，这让她觉得自己的教育很失败，并且她也为没有及时向老师道歉而懊悔，结果她陷入了焦虑的旋涡。她说她总是不由自主地想着这些事情，好几天都走不出来。在我这里咨询之后，她的情绪得到了改善。再回想起当时的状态，她说感觉就像中邪了一样，为什么怎么也想不开呢？走出来之后，再回想起那些事，她不禁哑然失笑，有什么大不了的事情啊！可当时她就是觉得很严重。这就是情绪和认知的共鸣效应在起作用。

人际交往也是如此，如果和人吵了架，你心里会愤恨不已，涌上心头的都是那人可恶、可气的方面，这些与愤恨的情绪更容易共鸣；而平静之后，则会觉得那人好像也没有那么讨厌，也不是不可宽容的。

这就是情绪与认知的共鸣效应，也是很多人很少注意和了解的，但是它就在那里强有力地影响着我们，就像地球的运转产生春夏秋冬一样，都是科学的规律。

我所定义的"情绪与认知的共鸣效应"，可以在心理学中找到依据。心理学中有"情绪一致性效应"（mood congruent effect），是由戈登·鲍尔提出并由实验验证的一个规律——那些与一个人目前的情绪相一致的内容更容易被发现、引起注意并得到深加工，二者的联系更为紧密（参考理查德·格里格、菲利普·津巴多所著的《心理学与生活》）。也就是说，当处于一种情绪状态时，人们会更倾向于发现和加工与该种情绪相一致的信息。

这两个规律对心理调节有重要的意义。有了不良情绪之后，这种情绪会驱动我们去关注引发情绪的事情，而在这种情绪之下，我们会更多地关注与情绪相一致的事，从而使得情绪往往难以摆脱。所以，最好的方式不是在那里思来想去，而是要直接去调节情绪，可以换个环境，也可以用散步、运动、聊天等方式转移注意力，这样更容易摆脱不良情绪。

当然，认知的改变也是必要的。可以先用三种思维等方式去转变认知，待情绪有所缓解之后再用转移注意力等方式去调节情绪。当然，如果情绪很严重，则需要先转移注意力，之后再去改变认知；认知改善了，情绪也会进一步好转，从而进入良性循环。

如果莫名地烦躁，可以去散散步、吹吹风，这样，情绪在不知不觉中就好转了。如果一直在原来的环境里，会不由自主地关注让人烦躁的事情，久久不能摆脱。

感到郁闷的时候，可以先找人聊聊天，倾诉之后，感觉可能就好多了，之后就容易想得开了。

抑郁来袭，不要躺在床上思来想去，要先去转移注意力以调节自己的情绪，情绪好起来以后，再去改变认知，这样才会慢慢走出情绪的泥潭。

当过于乐观或过于悲观的时候，不妨提醒自己，这可能只是情绪的作用，事实不一定如此。

如果想做出客观的判断和分析，就需要注意情绪的影响。有情绪的时候往往难以做到理性。所以，静能生慧——平静下来会更有智慧。

04 觉察
不良情绪来袭，
及时转移注意力

不良情绪袭来的时候，人们容易不由自主地去思来想去，而情绪又会影响认知，使人更多地关注负面或消极悲观的方面，从而强化负面情绪，形成恶性循环。

为了打破恶性循环，可以学会转移注意力。

常用的转移注意力的方式有：运动、散步、聊天、看电影、按摩、洗澡、做家务、工作等。一方面可以直接改善情绪，另一方面可以把注意力转移到这些事情上，不再去想那些负面或消极的事情，从而打破恶性循环。这样情绪会慢慢平静，自然会少关注负面信息，多关注积极乐观的方面。

这个方法对小孩子也是有效的，当孩子哭闹的时候，他也在一直想着让他烦恼的事情，此时可以简单地让孩子转移一下注意力，比如看看动画片、玩玩手机等，调节孩子的情绪，让他忘记了那个事情，可能下一秒孩子就破涕为笑了。

05 | 若想
更好地自控，
就不要让情绪累积

　　经常有因为一件小事而引起激情犯罪的新闻，很多人不能理解，为什么这么小的事情就会让人那么冲动呢？其实，小事只是导火索，根本原因还是不良情绪已经积累得太多，所以才会让人瞬间爆发。

　　这也是一个普遍的规律。一件事情是否会引发人的不良情绪，不但与事情、认知有关，也与已有的情绪基础有关。这样理解某些情绪现象就更容易了。

　　如果你正在炒菜，厨房燥热而嘈杂，你手忙脚乱，此时你自然可能会有些烦躁。如果此时家人过来说些事情，你可能就会莫名其妙地着急发火。

　　有时，人会因为身体不舒服而心情欠佳，此时，一些平常不太在意的小事可能就会引起情绪的波动。

　　如果在单位忙了一天，你身心俱疲，而工作的压力又让你不开心，回家后，孩子稍微一闹，你可能就会大发脾气。

　　如果你对同事或家人已经很不满，看见了就心里有气，那么即使发生一点小矛盾，也会引发大的冲突。

　　这些是正常的，是心理规律的产物。

　　那么，如果想要更好地自控，你需要及时调节情绪，避免负面情绪积累得越来越多。这就是《道德经》所说的：其安易持，其未兆易谋（局面安定时容易保持和维护，事变没有出现迹象时容易图谋）。

　　心理成长，需要遵循心理的规律。

06 | 及时
宣泄和倾诉，
寻求心理支持

有了不良的情绪之后，可以寻求家人或朋友的支持，诉说烦恼和纠结，宣泄之后情绪会有所好转。

有一次我和人争论，对方出言不逊，说得很难听。我的心态还比较平静（查理·芒格有一句名言：不要和猪摔跤，猪乐此不疲，你却沾了一身泥），所以，我没有回击对方，一直稍稍克制着。不过，我毕竟还是凡夫俗子，争论之后还是有些气愤，情绪驱动着我去想着这个事情，我的内心一时不能平静，有去回击的冲动，不过理性上我知道这并不值得。后来和一位同事谈了此事，我把想说的话都表达了出来。说起来也奇妙，宣泄之后我的冲动就少多了，觉得也没什么意思，很容易就把这件事放下了。

还有一次，很多读者热心地支持我出版《维尼小语》，大家的期望值也很高，但是由于疏忽，封面制作与预计相差甚远，这让我着实有些郁闷。大概是因为读者们热心地帮助我，我却没有呈现出精美的作品，所以我感到有些歉意吧。后来，我在 QQ 群里和读者们聊了此事，表达了一下感受，也得到了大家的支持和理解，很快我就感觉好多了。

宣泄、倾诉和表达，方法看似简单，效果却不错，它会释放情绪和冲动。所以，当不良情绪袭来的时候，你不妨试试寻求家人和朋友的支持。同样，只要学会倾听，我们也可以为家人和朋友提供这样的心理支持。

07 | 当沮丧来临，
当紧张来袭

认知和情绪是相互作用的。调节了情绪，就会为认知的改变创造良好的条件；改变了认知，就会为情绪带来持久和稳定的改变。

当沮丧来临，构筑认知防火墙

我是个足球迷，喜欢到现场看比赛。2016 年中甲联赛的倒数第二轮比赛，青岛黄海足球队在主场大胜，升入中超联赛的希望大增，体育场成了欢乐的海洋，我也很开心。不过，很快传来一个消息，冲超的另外一个对手也赢得了胜利，这样青岛队就丧失了冲超的主动权。

我的心情不免有些沮丧，这种感觉可不好，所以我用三种思维分析了此事：即使青岛队冲超了，但因为青岛队的实力较弱，所以主场可能会经常输球，那样看比赛我也不会太开心，而在中甲青岛队还是比较容易赢得比赛的，这样我看比赛会更享受一些，所以也有好的方面；今年实力还是不济，只是踢得不错才有冲超的机会，无法实现目标也是正常的；有些事情是自己无法掌握的，所以还是顺其自然吧。

转念之间，我的感觉就好些了，但还是有些郁闷，所以我就去运动了一下，注意力转移了，慢慢地我就平静下来了，不再想这个事情了。

过了一两天，偶尔我还会想起此事，但因为有了合理的认知，所以我自然能坦然面对。最后一轮比赛，青岛队虽然胜利了，但还是冲超失败，看到这个结果，因为我早就有了"认知防火墙"，所以我的心里很平静，没有起一点波澜。

当紧张来袭，改变不合理认知

有一次，我到湖南教育电视台演播大厅做了一场家庭教育讲座。以前的讲座流程都比较简单，主持人简单介绍之后我主讲就可以了。但是这次讲座主办方要求很高。讲座前一天晚上彩排时，我惊讶地发现，导演要求像做一台节目一样来进行：不但穿插了一些文艺节目，而且对主持人的台词也精益求精，对灯光音乐都有很高的要求。

主持人说为了搞好这个活动，已经几天没睡好觉了。看到大家这样用心，我慢慢有了些压力：如果我发挥不好，或者我的讲座不能和主办方的精心准备相匹配就不大好了。（这些是即时产生的自动思维，没有经过深入思考而得出的一个类似于直觉的反应，所以可能是不合理的。但是如果不去有意改变，它就会影响我们的情绪，让我们产生压力、紧张、担心等。我虽然心理比较成熟，但也会出现这样的情况，尤其是遇到未曾经历过的情况时，由于没有合理的习惯性思维应对，我容易得出不合理的认知。）

按照节目设计，在我上台之前有一个家庭教育情景剧，我上台后主持人会问我对于情景剧的感受，和主持人练习了几次后，我感觉自己的点评效果不大好。这更让我有些紧张、担心，压力陡然增大，我感到自己不像以前做讲座时那样自信放松了。

回到酒店，我意识到必须调节自己的心理。现在情绪不佳，所以首先要调节情绪。我洗了一个舒服的热水澡，这转移了我的注意力，沐浴也让我身体感觉很舒服，我自然放松了些。（除了认知，情绪对心理的影响也很重要。如果已经有了紧张、焦虑等情绪，就容易放大事情的影响，进一步紧张，这样情绪就难以摆脱了。所以，不妨先调节情绪，之后再改变认知，效果更好。）

我理了理思路，把情景剧点评部分斟酌成熟之后写了下来，我感到比较满意。原来心里没底，自然容易有些慌乱；现在心里有底了，也就镇静下来了。（虽然直接决定情绪的是对事情的认知，但事情也是重要的，所以，有时需要去解决问题，事情改善了，自然会促进情绪的改善。）

　　情绪平静之后，我再进一步调节认知：我是这个节目真正的主角，其他环节不过是为了烘托渲染我的讲座。另外，即使我的讲座风格与节目其他部分不大匹配，我也不可能马上大幅度地改变风格。所以做讲座时还是要以我为主、做自己，按照自己最擅长的方式来做更稳妥。其实，做节目时就像平常讲座一样说话，像做咨询、聊天一样放松地去讲课就可以了。以前这样做的效果不是也不错吗？这样一想，我就感到比较振奋，自信又恢复了。（先接纳现在的自己，然后放眼未来再去慢慢提高。如果放弃自我，去迎合别人，就容易不知所措。所以，当下按照最擅长、熟悉的方式去做就可以了，这样会比较有信心。）

　　这样一来，心情也就彻底放松下来了，那天晚上我美美地睡了一觉。第二天上台之前我一点也不紧张，讲课时也放松自如，娓娓道来，效果不错。

08 | 解决严重
情绪困扰，
需要多管齐下

　　严重的情绪困扰可能是由多种因素交互作用造成的，需要综合解决方案。有时既要解决实际问题又要解决心理问题，既要学会调节情绪，又要转变认知，逐渐从情绪的泥潭里走出来。

　　她从小像小公主一样在父母的呵护下长大，善解人意，颇有小资情调。

　　婚后，她迫切希望有属于自己的独立空间、独立的生活，可以自由自在地按照喜欢的方式去生活。但是，由于各种原因她不得不和公公婆婆住在一起。

　　因为生活习惯、价值观、家庭观念跟公婆有诸多的不同，她经常会感到不太舒服。比如，她买了一件新衣服，婆婆知道价钱后就会惊呼；她想喝下午茶，二老觉得那是在浪费钱；二老经常带着孩子看成人化的电视，而不是像她希望的那样陪着孩子玩耍；她想带着孩子安静地一起读书，公公却在隔壁客厅把电视声音开得很大……

　　虽然二老对她比较尊重，没有骂过她，但她还是感到难受、压抑。而且公公一直说儿子应该和他们住在一起，不然他们会觉得活着没意思。这让她感觉一辈子都没有希望过独立的生活了。

　　另外，带孩子很累，天天失眠，她需要服用安眠药才能入睡，身体也有些不舒服……这让她常常感到焦虑、压抑，情绪有些低落，以至于快抑郁了。

　　当然，最好的解决方案是分开住，事情解决了，很多问题自然迎刃而解。但是目前还做不到，那么与其痛苦不已，不如先接纳现状，改变自己的认知，尝试着去解决问题。

　　首先，有些认知需要转变。她很善良，但也有些软弱，为别人考虑得太多，所以不太敢去追求自己想要的生活。如果学会"理直气壮"，知道自己有权要求过独立的生活，无须歉疚，那么她就会有底气，将来可以在适当的时机去独立生活。这样，她就不会因为感到没有希望而那么压抑了。

　　失眠的问题也可以改善。睡眠最需要安静的心态，而睡不着的时候，她又急于马上入睡，这样自然更难入睡。所以，先调整认知：睡不着就睡不着，顺其自然，这样心就静下来了。另外，听听音频节目，转移注意力，这样就不会让思绪游荡，从而不知不觉地入睡。这样一来，睡眠改善了，身体感觉也好多了，情绪自然就会有所改善。

　　不过有时情绪还是不好，她会情不自禁地想着那些烦心事。我建议她多去转移注意力，比如陪孩子出去玩、健身、交际。她说上午在家比较抑郁，下午带娃娃外出后，心情果然好了一些。

　　情绪好转之后，再重新去看待和老人一起住的事情。其实二老还是讲道理的，现在的生活并不像想象中的那么糟糕。认知改变了，她也就不那么烦恼了，慢慢地也就能够接纳现实了。

　　有些问题是可以解决的。比如公公喜欢把电视声音开得很大入睡，一晚上都不关，这影响了她的睡眠。她让老公与公公沟通，解决了这个问题。

　　学会了理直气壮后，她逐渐有底气按照自己的意愿去生活了。比如布置自己的房间，买喜欢的衣服，偶尔喝喝下午茶，等等，这给了她一些自由的感觉。有一次，公公在客厅看电视，她把卧室门关上了，公公觉得不高兴，过来问她，她温和而坚定地说：孩子需要一个安静的看书环境。公公没有说什么。

　　就这样，她的情绪逐渐得到了改善，睡眠也越来越好。并且，因为部分问题得到了解决，她的脸上也有了光彩，笑容也开始浮现在她的脸上。

CHAPTER / SIX

第 六 章

童年会伤人，如何看待环境影响

内 心 的 重 建

心理不是独立的存在，会受到社会因素的影响，包括事件和环境等。心理成长，既要重视认知的转变，也要重视事情和环境的改善。做好自我成长，有助于心理成长。另外，重新看待童年的经历，放下包袱，会让我们更好地成长。

01 | 改变
认知之后，
还需要解决问题

心理成长，我特别重视认知的改变，但是问题的解决或事情的改善也是重要的。

虽然直接影响情绪和行为的不是事情而是对事情的认知，但是事情对情绪和行为也是起作用的。设想一下，如果问题不存在、事情没有发生，相应的不良情绪和行为就不会出现，也无须调节。而且，如果事情一直比较糟糕，即使改变认知之后情绪好转，时间久了，也难以一直保持良好的心态。

比如，很多父母经常为孩子写作业磨蹭而生气、发火，这需要首先改变认知，调节好情绪，否则经常对孩子发火，会破坏亲子关系，孩子也不会合作。并且，孩子会因此更加讨厌写作业，问题更难解决。但是，如果孩子写作业总是磨蹭到很晚，即使父母暂时情绪平静了，时间久了还是难免会对孩子发火。所以，先运用认知疗法改善自己的情绪，改善和孩子的关系，孩子会更合作；之后，再去"找原因、想办法"，解决磨蹭的问题，帮助孩子变得专心。这样，问题解决了，也就不大发火了。

再比如，如果总是失败，虽然可以通过改变认知远离自卑，但是想自信还是比较难的。如果通过实际的努力获得了进步和成就感，人就会更容易获得自信。

因此，为了获得更好的心态，还需要去改善事情、解决问题。只是事情常常难以改变，或者不能马上改变，所以，需要首先通过改变认知来调整心态。

所谓"静能生慧"，在心情平静之后，会更有智慧去解决问题。问题解决了，釜底抽薪，情绪自然好转。改善认知、改善事情，双管齐下，情绪和行为就会得到持久的好转。

比如人际关系处理得不好，经常和同事发生矛盾，虽然可以通过改变认知来调节自己的心态，但这终究不是长远之计。在情绪调节好之后，还需要学会合理的处事方式，进行有效的沟通，从而减少矛盾的发生，改善关系，这样更有利于保持良好的心态。

对人生来说，如果经过努力依然平凡，可以改变认知，安然接纳现状，因为即使平凡也能够活得幸福，平凡的生活也有精彩的时候，可以坦然面对。但是如果能提升人生的智慧，注重方法，再通过努力，获得更好的成就，进一步实现自我，还是会更幸福一些。

所以，心理成长是一个系统工程，不能仅仅考虑心理，心理离不开现实和环境，综合发展才能更好地成长。

02 | 环境
塑造人，超然物外
并不容易

如果有人问：你是有主见、有头脑、不受别人摆布，独立自主做出决定的人吗？也许很多人的回答都是"是的"。

可惜，很多时候不是这样的，人很难摆脱环境的影响和塑造作用。这是因为，人是趋利避害的，希望得到社会的认可和肯定，一般都希望有一个好的结果，所以不可避免地会去调整自己的行为以适应环境，获取理想的结果。

正如行为主义心理学强化理论所指出的那样：人的每一种行为都有肯定或否定的结果，得到肯定的行为就会趋于重复发生，得到否定的行为就会趋向不再发生。

所以，环境可以通过结果来有力地塑造人。

有个单位知识分子很多，以前风气不错，大家只需要把工作做好就可以了，不必对领导溜须拍马。后来来了一位领导，非常强势，什么都是他说了算，包括晋升、职称评审、评功评奖、是否解聘等涉及切身利益的事情，而且他自然也不可能那么公平，如果对某人印象不好，那么某人的利益可能就会受损。

如此一来，大家慢慢从关系自身利益的结果中领悟到，工作做得好不好不是最关键的，更重要的是领导是否满意、能否和领导处好关系。

所以，慢慢地，大家都会按照领导的意思去做，而不是根据工作的实际情况提出自己的想法，因为如果太积极主动，与领导的意见不合，还会被批评。这样迎合奉承自然也多了。

看起来有些悲催，比较注重气节的一群知识分子，在一位领导的影响之下，行为模式会有这么大的变化。其实这是正常的心理现象，人们都希望有一个好的结果，所以会趋利避害，去适应环境，让自己过得更好。

环境的塑造作用强大而且广泛。比如选择职业的时候，我们不仅仅要考虑自己的喜好、是否适合自己，还会考虑职业是否有前途，是否有发展潜力，收入如何；学习新技能、新知识，也会考虑是否适合当前职场的需要；与人交谈的时候会选择别人感兴趣的话题，包括当下的热门话题，这样才会引起更多的共鸣；培养能力素质也会侧重于当下社会所看重的。

在组织管理当中，管理者也会有意设计一些奖惩措施，引导成员按照组织的纪律或规定来，这些奖惩会塑造员工的行为。

趋利避害是人之本性，人人都希望得到他人的认可和肯定。所以，虽然人们会有自己的主张和见解，但是有时难以摆脱环境和社会的塑造，这是心理规律。

03 | 换个环境，
改变会更容易
发生

随着环境的变化，我们的言行性格也会发生某种程度的改变。

我在国防科技大学开始读书的时候，在大家眼里是一个内向、不善言辞交际，甚至有些羞涩的人。在两三年的时间里，我努力锻炼自己，注重自我成长，改变了很多，但是除了很熟悉的同学，其他人对我还是以前的印象，所以即使我想活泼地去说话、交往，他们还是把我当成一个内向的人，不期待我会说出什么有趣的话来，对我新的尝试既不关注，也不大回应。所以，我改变的驱力也不足。在环境制约之下，总感觉难以改善，所以，大学期间我看起来性格变化不大。

毕业之后来到青岛，同事们对我没有既定的印象，环境的束缚没有了，我成长的成果一下子就展现出来了，我的性格很快变得外向，谈笑风生，交往也顺畅自如，同来青岛的大学同学对我性格的迅速转变感到惊讶。

我曾经做过一个五岁孩子的咨询，她本身有些敏感脆弱，容易发脾气，逐渐地幼儿园老师和同学对她有了成见，对她有一些歧视，孩子觉得不公平，所以更频繁地发脾气。

虽然做了咨询之后孩子性格有所转变，但是老师和同学还是用老眼光看她。比如小朋友都不愿意和她玩；有一次孩子拿牛奶，她拿了两袋牛奶想比较一下选哪一袋，老师就以为她要拿两袋自己喝，所以，直接把奶夺下来了，这样孩子马上就脾气爆发了。

　　和老师沟通多次，情况还是难以改变。我建议换一个幼儿园。到了新的环境，虽然孩子有时也发脾气，但是老师和同学对她比较宽容，有了原来改变的基础，所以孩子进步很快。

　　一位大二的女生在我这里做咨询，她以前给人的印象是不爱交往，不爱说话，和舍友一周说不了五句话。她后来想改变自己，多去说话，但是舍友经常没回应或者不感兴趣。这是因为对她已经有了刻板印象，觉得她说话没意思。这种不回应也让她觉得沮丧、紧张，进一步制约了她的改变。

　　后来，她与舍友发生了一些矛盾，舍友本来就看她不顺眼，所以二人关系搞得很僵。她努力改变自己，处理好关系，但是因为已有成见，所以收效甚微。

　　我建议她换个宿舍，换个环境。后来她告诉我她和新舍友处得很不错，说话等方面也好多了。

　　如果想改变自己，首先需要做好自我的成长。但有时环境能制约和束缚一个人的改变，所以如果条件允许，换一个环境也有助于改变。这就是"树挪死，人挪活"吧。

04 | 心理成长，
需要讲究方法

心理成长属于自我成长的一部分。心理成长做好了，有助于自我的成长。

一个人能不断成长有诸多方面的因素，比如机遇、悟性、能力。我觉得最重要的是努力加方法。努力，特别是长期坚持不懈地努力，可以成就很多东西。但是，很多人也很努力，成长却不顺利，这可能是因为不注重方法。

我因为注重方法受益颇多。大学毕业之后，我在军队做了多年的科研工作，说起来经过的磨炼并不多，但我还是得到了不错的成长。我的方法总结起来就是读书、思考和实践。读书当然是很重要的，书中有人类智慧的精华，为什么不去获取呢？各个方面的书都是有营养的，包括心理学、政治、哲学、历史、管理等，对人的成长都是有益的。

但是读了书要结合自己的实践去思考才能为我所用。每天的反省、思考是重要的。孔子说"吾日三省吾身"，是指多次反省自己。我二十多岁时每天会花两三个小时甚至六七个小时来思考，把每天看过的书消化一下，反省一下当天发生的事情，看看有无可以改进的地方，另外再思考一下让我困惑的问题等，直到现在我还有每天反省的习惯。

亲身经历的事情是一笔财富，其中蕴含了道理，错过就可惜了。实践当然也是很重要的，我爸爸和我说过一句话：小事情的道理和大事情的道理是一样的。我们认真做好每一件小事情，从中就能收获经验和智慧。经过多年的坚持，就算并没有经过什么大风大浪，我在平凡的生活中也得到了很好的成长。如果有很多机会经历、磨炼，对成长会更好。

一个人需要有战略的眼光和大局观。杨振宁说过，如果想有好的发展，一定要寻找一个有发展前途的领域，在一个艰难的领域是难以有好的成就的。我深受这个理念的影响。我从事的科研工作很艰难，没有发展前途，又不是我最擅长的，所以，我战略上放弃了这个方向，转而研究心理学，后来又选择了家庭教育作为研究方向，因为这两个方向本身都是很有发展前途的，又是我喜欢和擅长的，所以我更容易获得成长。当然，杨振宁的理念也要辩证地看，也有在看似艰难的领域坚守，结果取得了很好的成长的人。是否艰难，事情本身也不是一成不变的。

做心理研究和家庭教育研究的路线也很重要，与很多学院派不同，我注重自身的实践，重视咨询的实践，从实践当中归纳出理论和方法，再用实践去检验。这种方法效率较高，因为和实践紧密联系，总结出的理论和方法接地气、实用，受到广大读者的欢迎。另外，我这个人不迷信权威，解放思想，不拘泥于已有的理论体系，敢于提出自己的理论和方法。这样的研究方法是很重要的。

总之，努力重要，方法也很重要。

05 | 不困不启，
怎样看书才管用

你有没有这样的经历，看书的时候，恍然大悟，醍醐灌顶，感觉理念和方法特别好，好像收获很大，但是，之后却常常想不起来，也用不上。我二十多岁时也曾为此而苦恼：书看得很多，当时的感悟也不少，对自己的成长却用处不大。为什么会这样？怎么解决？

慢慢地我想明白了。从哲学的角度来解释，这其实是矛盾的一般性和特殊性的问题。书上讲的是一般的道理（一般性），如果不联系自己的实际或遇到的事情去思考，那么可能不会透彻地理解，也不知在具体的事情上如何应用（特殊性）。举一个常见的例子，我们只知道马克思主义的普遍原理（一般性）是不够的，还需要思考如何在中国革命的具体实践中运用（特殊性），不然普遍原理就用不上。

另外，为什么会想不到呢？这是因为如果没有结合具体事情进行多次思考，就不会形成习惯性思维，那么遇到事情时就自然可能想不起这些道理来。

明白了其中的奥妙，我慢慢探索出了解决的方法。我每天晚上会花一些时间回想最近看过的书，我通常会选择两三类日常生活的事情，思考某种精彩的道理如何应用其中，这样一来，就既进一步理解了道理，又知道了如何在具体事情上的应用（特殊性）。我还会思考在新遇到的事情上如何应用以前看书收获的道理。经过这种多次的思考，我学习到的道理以及它们在具体事情上的运用就会成为我的习惯性思维，遇到事情自然就想起来了，看书也就会有真正的收获。

一位妈妈告诉我："一两年前我就买了您的《顺应心理，孩子更合作》，当时觉得理念和方法挺好，但是没有在自己孩子身上用好。现在孩子出了问题，我带着自己的问题重新去看，慢慢思考，看一点就好好结合教育问题来反省自己，感觉收效很大。"

06 | 建立
合理思维，培养
率直的心胸

1994 年，我大学毕业来到青岛，那年冬天，我买入了《松下幸之助：经营管理全集》，松下所说的"率直的心胸"让我受益颇多。心胸的修炼，会带来智慧的成长。

"率直的心胸"就是没有私心，不被任何事物蒙蔽，诚实地直视事物本身。简单来说，就是不带着自己的利益、感情、好恶、面子、情绪、欲望、立场去看待事情、看待人。

所谓"静能生慧"，情绪平静下来智慧自然会得到增长。同样，不带着利益、感情等去看事情，也会更有智慧。

比如，和别人讨论问题，如果不执着于自己的立场，不在意所谓的面子，不拘泥于输赢，那么自然耳聪目明，很容易吸收对方观点的合理之处，改进自己的不足，成长也就发生了。

与人打交道，如果能放下对自己利益的执着，考虑对方的合理要求，那么自然容易赢得合作。否则，即使一时占了便宜，最终损失的可能更多。

不感情用事，不为了一时痛快而说过分的话、做过分的事，不因为好恶而扭曲自己的判断，对事不对人，那么看法、做法自然客观、理性、公正。

王阳明在《传习录》中强调"去人欲、存天理"，在面对事情时如果能够去除私欲，天理、真理自然显现。这和率直的心胸是相似的。

如何放下执念呢？

《道德经》说"圣人……无私……故能成其私",当你学着不带私心看问题、看事情、做事情,因为无私,你会更有智慧,自然也是有益于自己的,长远来看,收获更多。放下,是为了更好地获得。

比如面子,放下面子其实可能更有面子。多年前我有一位同事,是一位智慧的人,讨论问题他常说的一句话是:这方面我不大懂。承认不懂,在很多人看来是没有面子的。但他大大方方地承认,让我心生敬佩,他其实是有面子的。

率直的心胸往往建立在合理的习惯性思维基础之上。需要经常反省,回顾自己为私心所蒙蔽的情形,去具体分析这种情况下是否应该不带情绪地处理事情,不为输赢、面子所困,不为利益所累,也不为了一时的痛快,体会一下哪一种方式对自己更好。当合理的习惯性思维建立起来之后,率直的心胸也就形成了。

07 | 家庭会伤人，放下童年经历的影响

原生家庭对一个人的影响是巨大的，父母虽然大都是爱孩子的，但是如果父母不懂家庭教育，事情处理不当，会给孩子带来不少负面影响，甚至留下痛苦和创伤，影响孩子的一生。

一位六年级的男孩在我这里咨询，很多问题他都要问过妈妈才放心，做作业也要妈妈陪着。孩子五年级以前不是这样，为什么后来会这样呢？几经追问，孩子才说出了原因。

六年级的一天，本来说好玩两次游戏，结果孩子多玩了一次，妈妈知道后训斥了孩子一个小时，说为什么答应的事情做不到？为什么要欺骗自己最亲近的人？……之后，孩子就开始什么事都要问了妈妈才放心，直到现在，孩子做作业也要妈妈陪着，作业上的各种问题问了妈妈才踏实……

一位十二岁的男孩性格孤僻，不想和人交往。他和我说了自己从小以来的经历，让人心酸。

从幼儿园起，父母忙于生意，没空管他，他总是自己一个人在家看电视，自己玩。父母回到家里，动不动就对他发火、打骂。所以，与父母在一起时，他经常是紧张和痛苦的，不知道做错了什么都会被骂一顿。所以，他很自卑，特别在意别人的评价，不喜欢与人交往。父母常常逼迫他，所以他也变得很

倔强，因为唯有如此他才能获得一点自由的空间；父母不理解他，所以他也不理解别人，发生一点小事他就会不高兴和发火。这样，他的性格自然逐渐变得孤僻；现实让他难受和痛苦，而网络的虚拟世界让他快乐。所以，他只想一个人沉浸在网络游戏的世界里。

面对痛苦的童年经历，有的人想起来就会心痛，心底有无法摆脱的阴影；有的人认为，自己现在的痛苦来源于父母的压抑，所以愤怒痛恨，开始讨伐父母。

一位妈妈说："看了很多育儿书之后，我了解到我的诸多不快乐都来源于我的童年，越是了解越是无法释怀。在给自己贴上这个标签后，我开始拿着放大镜到回忆中去寻找童年的种种被伤害的经历。这让活在'当下'的我很是痛苦。"另外一位妈妈说：

接触维尼老师之前，我眼里的人生是悲观消极的。从小到大都生活在父母的责骂和极端管教中，在父母的眼里，我感受不到认可，即使是再普通不过的站姿都会被父母指责一番。为了迎合、讨好父母，我比一般同龄人都要乖巧懂事，但是换来的总是父母的冷眼和责骂。最不能忍受的就是，父母在大庭广众之下从来都不顾及我的尊严，大声骂我，这让我无地自容，小时候我经常会想到自杀。

在这种环境下长大的我，走上社会后是自卑的，很在乎别人的眼光，总是想方设法得到别人的肯定。而且，我最不能听别人说我的一点错，因为那肯定会让我痛苦地纠结很长时间。我最大的缺点是太过于追求完美，对自己要求太严厉，哪怕一点小错我都会懊恼不已，对别人也是这样，容不得别人在我面前犯错。

和父母的关系一直很淡，不过，现在我从维尼老师这里学会了换位思考，理解了父母是非常爱我的，只是用错了爱的方法。

我们的性格、心理、人际关系，以及对孩子的教育方式会受到原生家

庭显著的影响，认识到这一问题有助于我们接纳自己，不过度自责。因为我们的问题不少源自父母，不全是我们自己的错误。同样地，父母的教育方式和性格可能不少也是来自他们的原生家庭，所以，也不要把责任都归到父母身上。

08 | 运用
三种思维，
学会理解父母

如果父母伤害了我们，那么该责怪他们吗？父母自然是有责任的，可以责怪，可以宣泄自己的愤怒和怨恨。但是如果沉浸在怨恨里，那么既改变不了过去，又会让自己痛苦。过去就在那里，可以这样看，也可以那样看，是否痛苦就在一念之间。所以，为了自己不再痛苦，不妨去理解父母，用三种思维重新看待那段经历，改变自己对童年经历的认知。

用三种思维重新看待过去

一位女士的父母都是农民。爸爸严肃古板，从来不夸孩子，也不和子女亲近，胆小怕事，在村里没地位，经常受那些强势村民的欺侮。妈妈虽然很善良，但也不善于和子女交流，所以家里基本上就没有"教育"和"交流"。加之她天性比较敏感，所以她从小就自卑、压抑。

这位女士后来上了师范大学，毕业后又在北京的中学教书，但她特别自卑敏感，很长一段时间内都是愁苦多于欢乐。现在她虽然好多了，但经常会在瞬间崩溃。为了减少童年经历的负面影响，我建议她尝试用三种思维重新看待过去，去理解父母。

这是她的"转念作业"。

一、坏事变好事，看到事情积极的一面。

现在想来，我小时候受忽视的经历也有好的方面，比如这让我比较关注别人的情绪和感受，不会冷落别人。正是因为曾经极度压抑、自卑，我才会坚持阅读，进而寻求心理援助，力求重建内心世界。现在，我已经有了一些成长。在维尼老师的帮助下，我学会了认知疗法，认识到改善思维模式的重要性，这对我内心的成长有很大帮助。这种改变和成长是从小一帆风顺的人所难以体会的。另外，我也会避免在教育孩子时犯跟父母一样的错误，这也是那段经历的价值所在吧。

二、很正常，没什么。

爸爸妈妈有那么多孩子，生活艰难，忽略孩子的精神需求很正常，因为首先要吃饱穿暖啊！父母的性格有缺点，可以理解，他们的原生家庭有很多问题，童年不幸福，说起来也是无奈的。

爸妈在那样的经济条件下还支持我上了大学，这和一般的农村父母比起来，已经是眼光很长远的了。当时，村里一般的父母会让孩子辍学回家干农活，我父母虽然一开始也要我辍学，但看到我上学的决心很大，也就同意继续支持我念书。当时家里非常拮据，但我在家的时候，不记得他们抱怨过什么。爸爸有时会因为在外面受了气，找碴儿向妈妈发泄，但他很少对着我们这些孩子发脾气，更没有打过我们，这也是难得的克制和理性吧。

爸妈都是很坚强的人，我们成家以后，怕扰乱我们的生活，爸妈有什么问题都自己扛着，我们的一点点孝心和回报也很容易让他们满足。他们是勤劳善良的父母，怎么能再怨恨他们？

现在想想，我在父母身上、在自己不可回溯的童年生活里纠结了这么多年，一有问题就回到这个原点上找理由，实在是不值得啊！与其在纠结中浪费了大量时间和精力，还不如直面当下的困难，去寻找解决的办法，让自己成长。

三、做自己能做的事，之后顺其自然。

现在我明白了一个道理，人是生而不平等的，一生下来，我们就是不同国家、不同种族、不同家庭条件、不同性格的父母造就的人，每个人的起点都不同，这是要面对的真相。一个人的能力毕竟是有限的，不是想怎么样就怎么样的，这可能就是一个人的"命运"吧。先接纳事实，这样才有精力去学习和内省，做我能做的事情，其他的顺其自然。

谢谢你，维尼老师，这样思考之后，我感觉轻松多了，过去的就过去了，现在和未来才是最重要的。

虽然心理、性格的形成与父母的教育有关，但把责任推给父母也是没有太多帮助的，还是要自己负起责任来，解决现在的问题。

一位女士：

这周我和妈妈有了更深层次的沟通。我妈妈的童年和婚姻都不幸福，她把自己隐藏得很深，因为我们都不会"爱"，虽然两人有相依为命的感觉，但是感情上一直"别别扭扭"的，不像一对正常、亲昵的母女。

我以前把自己消极性格形成的责任全部推给妈妈，认为是她不会"爱"我造成的，在听妈妈讲了她深藏心中的童年遭遇之后，我毛骨悚然，她从母亲那里也没得到过爱、认可和尊重，所以，她也没有能力给我太多。我感觉到妈妈已经对我的成长尽了全力，她不懂爱，但渴求爱，也在努力爱。

通过和妈妈的这次沟通，我理解了她，而且我们互相更加信任了。我三十多岁了，不能总纠结于过去了。

09 | 不要夸大
童年对性格心理的
影响

很多人夸大了童年事件对自己一生的作用。这很大程度上受到了精神分析相关理念的影响。精神分析特别强调童年的创伤，认为心理问题都可以从童年找到根源。

当然，童年对性格和心理的发展是重要的，六七岁的时候，性格的基调已经形成。但是，对一个人来说，整个成长期，包括小学、中学、大学，性格心理都在不断成长和改变，这些时期内的事件或接受的思想对性格都可能产生重要的影响。人即使三四十岁也可以有所成长和改变。

回忆一下小时候一起长大的伙伴，会发现有不少人青春期以后性格还会有很大的变化。就我而言，我从小学到初中性格变化不大，高中以后，尤其是大学毕业之后，性格、心理有了不少改变。对我来说，高中以后的经历有着更重要的影响。可以说，童年固然重要，但中学和大学对一个人心理的影响也重要，人生观、价值观、核心思维基本在这个时期形成，逐渐强化，从而根深蒂固。

所以，分析性格、心理问题的形成，应该从童年到青年整个成长期去寻找原因。

如果已经为人父母，以前不懂得家庭教育，曾经压抑、伤害了孩子，那么也不必过于悲观，以为难以挽回，只要从现在开始改变自己，学会合理的教育方式，那么还有机会抚平以前给孩子带来的创伤，进行改变和自身成长，一切都还来得及！

10 | 过去的经历
常常会沉淀为
认知

　　了解过去的经历有助于理解心理问题形成的原因，不过，了解了原因不等于问题就解决了，还有比较长的路要走。过去的一切常常沉淀为认知或习惯性思维来影响我们，如果不加以改变，心理问题可能就难以解决。

　　比如，一个人小时候本来就羞怯，父母又总是强迫他和别人打招呼，再加上其他诸多经历，可能会导致这个人在与人交往时有些紧张，甚至构成障碍。了解到是童年经历造成了现在的性格，并没有太大的帮助。那么与人交往时为什么会紧张呢？这往往是由于不合理的认知。比如总觉得和不熟悉的人交往是一件困难的事情（习惯性思维）。如果改变认知"其实交往也没什么了不起的，就像平常和朋友在一起那样就可以了"，这样就会感觉轻松些。再如，感觉别人在看自己，怕别人议论或嘲笑自己（习惯性思维），也会导致紧张。那么可以说服自己：别人一般没有那么多闲工夫来关注我，再说就算议论几句又怎么样呢？管他呢！这样会感觉放松些。

　　再如，小的时候父母要求太严格，总是拿别人的优点和孩子的缺点来对比，批评太多，肯定太少，这会让孩子自卑。如果想自信起来，首先要识别自卑背后的习惯性思维，比如过多关注、放大自己的缺点，对于优点视而不见或者觉得理所当然；对自己的要求太高，即使做得不错，但如果达不到自己的要求就觉得失败……我们可以通过改变这些习惯性思维来克服自卑、获得自信。

如果父母总要求孩子在别人面前表现好，这会让孩子非常在意别人的眼光，怕别人说自己，总想给别人留个好印象……所以孩子长大后会过多在意别人的评价，没有底气。想改变这样的性格，就需要建立合理的习惯性思维。

过去的就过去了，纠结于童年经历，纠结于父母的问题，对成长并无太大的帮助。放下过去，识别问题背后的习惯性思维，进行认知重建，会更好地实现心理成长。

第 七 章

为 什 么 说 成 功 学 害 人 不 浅

内 心 的 重 建

我在接受咨询中发现，有心理问题的来访者不少深受成功学、励志课程的影响。成功学是一柄双刃剑，在给人以激励的同时，也会有很多负面影响，甚至会造成严重的心理问题。那么如何把握其中的尺度，在保持前行动力的同时，又能从容、自在呢？

01 成功学
是一柄双刃剑

二三十年来，成功学、励志课程在我国逐渐流行起来，近些年影响更是越来越大。应该说，成功学、励志课程有可取之处，比如在激发潜力、培养意志力等方面有显著的作用。

我在《读库》看到了徽州漆器大师甘而可的故事。他四十多岁的时候，准备开始做漆器，一位老师对他说："无论做什么，要做就做到最好。如果做不到最好，那就赶快去改行，你必须在另一个领域做到最好才行。"这激励了他，让他明白了应该树立最高标准，做最大努力，而他最终确实做到了行业最好。在开始研究一种新工艺的时候，他说试试看，老师说不要抱着试的态度，一开始就要竭尽全力去做，最后他取得了成功。应该说，这些励志的理念对他的成功起到了重要的作用。

不过，甘而可当时已经是一个非常有悟性的人，有了深厚的积累，也有实现的能力，所以激励就起到了锦上添花的作用。如果没有这些条件，即使全力以赴，即使树立最高标准，如果能力和悟性不够的话，也难以成功。

当然，悟性和能力也来自后天的积累。甘而可开始就很有悟性，后来经过几十年的努力、积累进一步提高了能力和悟性。对我来说，回想当年，我虽然也属于有悟性的人，但在大学同学中也并不是突出的，能有今天的成就也得益于心中有理想，还有二十多年持续不断地努力和坚持，同时注重方法。最终悟性、能力提高了，积淀深厚了，才能厚积薄发。

所以，如果适当励志，对一个人的成长还是有推动作用的。

但是，所谓欲速则不达，过于努力，急于求成，反而会成为障碍。我二十多岁时非常注重节约时间，但是违背了用脑的规律，比如力求快速思考，甚至同时思考几个事情，而且疲劳了也不休息，不适合的场合还在用脑，时间久了，我患上紧张性头痛，持续了二十多年，结果反而浪费了很多时间。

成功学、励志课程是一柄双刃剑，虽然激励作用明显，但是如果把握不好尺度，可能会对心理产生负面的影响，带来心理问题，影响效率，反而阻碍了成长和进步。

从我个人的咨询经验来看，有相当一部分来访者的心理问题是盲信成功学、励志课程造成的，那些顺其自然、淡泊的人相对来说则不容易出现心理问题。

为什么会这样？俗话说：**物过刚，则易折**。意思是说，物品过于坚硬，就容易折断。人也是如此，如果不考虑具体情况，不管条件是否具备，过于执着和进取，逞意志之坚强而违背规律，不懂得适时顺其自然，那么就会造成很多问题，内耗过多。

一位大二男生告诉我：

我在高中时学得非常痛苦，每天逼自己学习，这是在逼自己做最痛苦的事。其实大家学得都很苦，都很压抑，那么如何长时间维持呢？我们高中还真有办法，用类似洗脑传销的方法，整天喊我要上清华、我要考北大，各种宣誓、励志什么的，只要学不死就往死里学。

现在的各种成功学和我们高中一比都弱爆了。我那个时候天天大喊：我要上清华！但是都不知道清华具体是个什么学校，只知道它最难考。那时天天幻想，如果能用自己的十年生命，换得一张清华大学的录取通知书，那该多好啊！

有一天，我突然想，我这么笨，十年的生命大概换不来被清华录取的资格，得更长吧。我问自己：如果给你一张清华的录取通知书，但条件是你在收到通知书后只能活一秒，你愿意吗？我的答案是：非常愿意，我高兴得都哭了。

　　在这种励志的支撑之下我的确学了下去，也考上了名牌大学，但是心理状态已经出现异常。大一的时候，我的行为有很强的攻击性，虽然知道自己的周围环境很安全，但我还是非常恐惧，总去想我周围的人会不会杀了我，如果这样我该怎么办。那种恐惧感真实而强烈。此外，我还经历了长时间的抑郁状态，体重在短时间内锐减 30 斤，作息饮食都紊乱了，每天有严重的失眠，书也读不下去了。

　　从某种角度来说，成功学就像是兴奋剂，可能会短期提高成绩，但是用得多了，副作用也不小，甚至会留下隐患。

02 | 错误的
成功学认知让人
烦躁焦虑

在我做过的心理咨询中，受成功学、励志课程影响的人有着相似的认知：

我一定要实现梦想；

只要努力，梦想就一定能实现；

没有做不到，只有想不到；

成功了人生才会精彩和幸福，否则人生就是暗淡无光的；

……

这些认知虽然有些道理，能激励着人们去努力，但是都过于执着，容易造成心理问题。

一位妈妈焦急地找到了我，孩子上高三了，但是学习状态一直不好，希望我能帮助孩子早日走出困境。我和孩子通过电话进行了交流。他说自己情绪状况很不好，着急、焦虑、烦躁，想学习，但是静不下来，学不进去。看来情绪是重点，那么情绪背后的认知是什么呢？这类问题我在接受咨询中遇到过不少，有一些预判，所以问了他一些问题。

第一个问题是：**你考大学的目标是什么？**

他说："我觉得自己很强，所以目标挺高，一定要考上一个好大学。"有梦想是可以的，会给人以动力，但是梦想一定能实现吗？

第二个问题是：**你觉得尽全力，就一定能实现目标吗？**

他说："如果我尽全力了，那么目标一定能实现。"

这让我想起来那句励志名言：只要努力，梦想就一定能实现。我也曾经被它激励过，是啊，如果真的是这样，那么美好的愿景好像就是自己该得到的了；而如果实现不了，好像就失去了自己应该得到的东西，这是令人沮丧和痛苦的。

尽全力就一定能实现目标吗？其实，人不是想怎么样就怎么样的，实现梦想需要一定的条件，很多东西是自己无法左右的。比如，假如没有互联网的条件，我作为一位心理学圈子之外的人，如果仅仅通过报纸、杂志等渠道来发表文章，恐怕很难实现当年的梦想。又如，这位男生陷入了心理的困境，没有专业的帮助恐怕难以走出来，更别说考上好大学了。所以，即使尽全力也可能实现不了目标。那么如果达不到，是否会像想象中的那么糟糕呢？

所以，我的第三个问题是：**你觉得考上好大学会怎么样？考不上会怎么样？**

他说："我觉得如果考上了好大学，会有一个不错的未来，成功概率会大得多；如果考不上，将来不会很好。"

这种思想是很多老师和家长经常灌输给孩子的。如果事实果真如此，那么当他遇到困难，感到可能考不上好大学时，他会想到美好的人生都化为了泡影，未来是灰色的，自然会焦虑甚至抑郁。但现实并非如此，现在文凭贬值得很厉害，就业形势也发生了很大的变化。好文凭不能保证什么，文凭一般也一直有机会获得，未来主要是综合素质的竞争，而这主要取决于自己的努力，考上一个好大学不是最重要的。能考上好大学固然好，考上一般的大学差别也不是那么大。我们努力去做，如果能考上好大学更好，考不上，人生也一直有希望，所以，可以顺其自然。他觉得我说得有道理，感觉轻松了些。

我又想到另外一个问题：**你是不是不能接纳目前的状态啊？**

他说："是啊，我总想着如果能有一个好状态就好了，那样就可以全力以赴地去学习了，所以状态不好时总是烦躁。"

这是自然的，这来自"必须全力以赴"的成功学观念，再加上成功的愿望过于强烈，即使事实是无法做到"全力"，也不愿意接纳。但是，不能接纳就会导致烦躁焦虑，让自己不能静下心来去努力。

03 | **过度追求成功，
有时是侥幸的
赌博**

过度追求成功，有时就像一场赌博，可能取得世俗意义上的成功，但也可能会付出身心健康的代价，也有可能在成功之前心理崩溃。

一位美国华裔学生被斯坦福大学录取，获得了大家公认的成功，他却认为自己的高中生涯实际上是一种"侥幸的赌博"。这是他写给家长们的一封信。

他说：

高中四年来，我非常努力，经常会有非周末没时间睡觉的经历。有时候，连续几个月，我在非周末期间日均睡眠低于四个小时。有时连周末都没有补觉的机会。如果用褒义的话来讲，您可以说我有干劲、有动力、有野心等等。但是，我高中四年不论是在学习上还是在生活上，几乎是一直徘徊在崩溃的边缘。

四年来，每得一个A，我大概就得有一次恐慌的经历。每次得不了A的时候，恐慌发作得当然就更严重。我有过跳楼的冲动。但是，有这种想法的大多数时候，我会感觉难受到连跳下去的动力都没有。

我们的高中生涯现在成了各位家长用来鞭策自家孩子尽其所能效仿的模板。一想到这些，我心里就感到难受，因为我不希望成为您家孩子的榜样，因为我不希望您家孩子活得像我当时那样痛苦。我最后的结局是好的，但是所付出的代价是什么？！

高中四年，我的健康——尤其是心理健康——完全被忽略了。我当时既没有时间，也没有能力试图面对我的心理负担，所以我的应对措施就是忽视一切。我在大学才开始重视我的心理健康。但是等我到了斯坦福的时候，我的心理状况已经坏得一塌糊涂，需要漫长的适应过程才逐渐好转。这是我付出的代价，我真的不希望您家孩子也付出这么多。

像我那样的高中生涯实际上是一种侥幸的赌博，我的确有可能考上名校，但是更有可能在高中的时候或者刚入大学就完全垮掉。我没有垮掉，只能算是我走运而已。我觉得这不是值得您孩子尝试的赌博。谁都希望孩子能成功，能有出息，但是，成功的代价无论如何也不应该是您孩子的身心健康。

一个人如果太执着，愿望过于强烈，心理有时反而脆弱，一个小小的打击，就可能引发不良情绪，甚至导致心理的崩溃。

一位男孩上初二，妈妈一直给他灌输一个观念：一定要考上重点高中，这样才能考上好大学，将来才能过得好。孩子深信不疑。他很努力，一直保持在班上前两名。但是初二生物、地理会考的摸底考试成绩不理想，这预示着他可能考不上理想的高中。虽然只是模拟考试失利，但这让他崩溃了，他不上学了，在家里待了两个月，焦虑不已。

04 | **只要努力，**
梦想就一定会
实现吗

　　成功学有一句名言：只要努力，梦想就一定能实现。很多来访者对此深信不疑。这句话有合理的一面，因为很多事情看起来不太可能、很难，但是坚持下去，最终可能真会获得成功。

　　但是，它在激励了人的同时，也会产生副作用。它给人描绘了美好的蓝图，而且既然只要努力就一定能实现梦想，那么为什么不给自己树立一个高远的目标呢？时间久了，真的会相信自己应该能实现。而且很多人相信，只有这样人生才是精彩的，才能幸福；如果做不到，就意味着平庸，人生就是灰暗、失败的。有一句励志名言："我觉得在我的人生中只有两条路，要么赶紧去死，要么精彩地活着。"很多人无法接受自己不能精彩地活着。

　　但是毕竟目标太高太远了，要实现目标就需要对自己提出很高的要求，但目前的能力和基础可能与之相差甚远。所以，自然有些事情会做得不理想。有时虽然只是遇到了小小的不顺利，但这提示自己远大的目标可能实现不了，原来计划中的"美好未来"可能会泡汤，无法拥有精彩的人生，一生就是灰暗、平庸、不幸福的，所以，人们容易陷入沮丧、抑郁、焦虑的情绪之中，严重的会患上焦虑症、抑郁症。

　　一位女士告诉我，她本来学习不错，上了高中之后，接触了一些成功学的理论，她就像打了鸡血一样特别努力，梦想考上名牌大学，晚上学得很晚，早上四五点就会起床学习，学习成绩当时进步很大。但是后来偶然发生一件事情，她开始觉得自己注意力不是那么集中（其实人都有注意力不集中的时候，很正常），这让她很担心。因为她的目标确实很高，要实现必须全力以赴，容不得有这样的缺陷。她急于解决问题，所以总是注意这个事情，再加上有些担心焦虑，她的注意力反而越来越不集中了，这让她情绪越来越低落，结果不能去学习，患上了强迫症、抑郁症，最终不能上学了。抑郁、焦虑持续了很多年，一直在影响着她。

只要努力，梦想就一定会实现吗？**人不是想怎么样就怎么样的**。梦想、目标的实现不但取决于努力程度，还取决于客观条件、机遇以及个人能力。有些客观条件难以改变，能力也不能随心所欲地提高，所以，即使竭尽全力，梦想也不是一定能实现的。孔子说："五十而知天命。"曾国藩认为"尽其在我，听其在天"。也就是说，成功并不完全取决于自己，有时需要听天由"命"。

～ 维尼小语 ～
曾国藩如何从急切焦躁变得从容不迫

青年时代的曾国藩是"人定胜天"主义者，非常推崇意志的力量。他认为人的意志是无所不能的："志之所向，金石为开，谁能御之？"初创湘军时他一无所有，有的只是意志。唯意志论的信念，支撑他穿越了本不可能穿越的重重艰险，以一介书生，赤地立新，创立起湘军。

在湘军连获胜仗之际，曾国藩一度顾盼自得，予智予雄，对自己的主观能动能量相当自负，以为"天下事果能坚忍不懈，总可有志竟成"。

但是随着一生经历多次挫折，特别是咸丰七年被皇帝罢黜回家的大挫折后，他开始意识到人的主观能动性的局限。被罢黜居家这一段时间，是曾国藩一生最痛苦的时期之一。命运由大荣瞬间转为大辱，状态由大喜急坠入大悲，他恍然体悟到人力的无可奈何。回顾往事，细究天人，曾国藩恍然发觉，人生不过是一股水流，流到哪里，完全是由地形决定的。自己其实不过如一粒豆粒，在命运的簸箕中随机跃动。极度痛苦之中，他找到了"天命"之说与"黄老之术"作为挽救心理危局的良药。

大彻大悟的曾国藩悟到，人力其实是很弱小的："古今亿万年无有穷期，人生其间数十寒暑仅须臾耳。……人生才力之所能办者,不过太仓之一粒耳。"如果把心胸放大到宇宙世界层面,则人间小小荣辱风波不值一提。

皈依天命说后,曾国藩一改过去的急切焦躁,在处理大事时变得从容不迫。他不再认为,王朝的命运可以由他一手左右。太平天国能不能平,大清王朝还能存在多少年,这些太大尺度的事件,不是某一个人甚至某一个集团能够决定的。在这些大事件背后,有着天时、历史、人心等诸多深层次的力量,个人所能发挥的作用是很有限的。因此,他所要做的,只是在可能的范围内尽自己的能力而已,而不必杞人忧天,将太多无法承受之重揽到自己肩上。

曾国荃久攻天京(今江苏南京)不下,肝气上升,心情焦躁,行将得病。曾国藩写信告诉曾国荃,太平军能不能平,天京攻不攻得下,乃是天地间那神秘的大力量所决定的,个人能发挥的空间十分有限。曾国藩在信中说:"金陵之克,亦本朝之大勋,千古之大名,全凭天意主张,岂尽关乎人力?"因此要求曾国荃将能否攻下天京"付诸可必不可必之数,不敢丝毫代天主张"。

他打了这样一个比方,用科举考试来比喻天京之战:"譬之场屋考试,文有理法才气,诗不错平仄抬头,此人谋主张者也。主司之取舍,科名之迟早,此天意主张者也。"个人在天命力量面前,只能老老实实地努力,不可妄图侥幸,鲁莽灭裂。

到了晚年,回首往事,曾国藩越来越认同,人的主观努力能施展的范围其实相当狭窄,环境和时机远比人的努力重要。运来天地皆同力,运去英雄不自由。没有那个运气,一个人再挣扎奋斗也无济于事。

对于自己的一生功业,他以"运气"总结之:"其初办理团练,略招勇丁以剿土匪,其后四方多故,事会相迫,遂有不克中止之势。一则国家……正值剥极将复之际,不才会逢其适,侥幸有成。一则湘淮诸公应由布衣徒步以取将相,特借鄙人以发其端。其间离合得失,千变万态,纯关天意,不由人谋。"其中既有谦辞,也有灼见。(参考《曾国藩的正面与侧面》张宏杰,国际文化出版公司。)

05 | 合理设立
目标，努力之后
顺其自然

    我们该放弃高远的目标吗？不，没必要因噎废食，因为目标的确能激发潜能。那么，如何才能更合理地设立目标呢？

    如果您有高远的目标，那么可以保留，但是不要执着于一定能实现。我们要做的是去努力，争取每天有所成长，这样最终能实现目标当然不错，如果实现不了也可以顺其自然。这就是我的座右铭：努力之后，顺其自然。

    为什么可以顺其自然？实现梦想，当然可能给我们更好的人生体验，但平凡的人生也可以幸福和精彩。所谓知足者常乐，小进步、小成就会让人感到幸福，家庭生活也是幸福的源泉，美食、娱乐的幸福每个人都可以获得。平凡的生活中也可以有很多精彩，比如参加喜爱的运动，唱一首动听的歌，做好一件事情，工作完成得漂亮，观看扣人心弦的比赛，都会留下精彩的瞬间。

    如果放下过多的执着，学会"努力之后顺其自然"，那么心态自然会平和，没有了那么多纠结和焦虑，就有力量更持久地努力。这也是《道德经》所说的"柔弱胜刚强"的道理。

    谈谈我自己的经历。

    我曾经相信：只要努力，梦想就一定能实现。二十五六岁的时候，我有着高远的目标，当时也很执着，一定要实现。因为我认为如果实现不了梦想，到了四十岁还只能过平凡的生活，那人生一定是可悲的。

    那时我的确很努力。不过，难免有些事情我做得不太好，对我来说，这意味着我没有想象中的那么优秀，与目标相差甚远。想到这些，那时的我自然常常情绪低落，劲头也没有那么足了。这种状态持续了几个月，有时清晨醒来，想到美好的未来可能化为泡影，我就感到沮丧。该放弃目标吗？总感觉不甘心。那段时间我苦苦思索，寻求解脱之道。终于有一天，我犹如醍醐灌顶：树立高远的目标并为之努力，本身并不能说是错的，问题在于我太执着了，一定要实现目标。但是目标只要努力就一定能实现吗？并非如此，人不是想怎么样就怎么样的，如果主客观条件不具备，梦想就难以实现。那么何必和自己过不去呢？不如保留原有的目标，这会给我动力和方向，但是没有必要总想着它能否实现，我要做的就是每天不要虚度，每天有些成长，如果实力和积累都已足够，机遇出现，那么实现目标就水到渠成了；如果条件还是不具备，无法实现目标，也没什么大不了的，即使只有普通的成就，生活也可以精彩和幸福。

我还记得那是一个阳光明媚的日子，我沐浴着清凉的风走在阳光下，感觉世界都是透亮的。认知转变，犹如拨云见日，心情很快开朗起来。我继续心理学的研究，去读书、思考、实践，争取每天有所收获，有所成长。放下过多的执着后，我的心态就平和了，之后的努力更合乎规律，也更有效率。后来，我也遇到过一些大的困难。比如 2000 年左右，一位朋友提醒我，我不是心理学圈子里的人，所以想在心理学的专业报纸杂志发表文章、为人所知是一件很难的事情。他说得很有道理，当时看来这确实是难以逾越的障碍。不过，因为对能否实现目标能够做到顺其自然，所以我并没有受到多少影响，继续专注于自身的成长、实力的积累。

不知不觉中十几年过去了，我的积淀逐渐深厚，能力不断提高，机遇也出现了。由于自媒体的蓬勃发展，我可以通过新浪博客、微博等多种方式自主发表文章，而且可以与读者直接联系和沟通，只要写出实用、接地气、可操作性强的文章就可能得到广泛传播和认可。所以，原来遥不可及的目标，也触手可及了，至少在家庭教育方面我已经实现了原有的梦想。

"努力之后顺其自然"，无论大目标还是小目标，都是适用的。比如，我组织一项活动，会认真去计划、协调、安排、推进，争取有个好结果。但是结果如何取决于很多因素，尽力之后顺其自然就可以了。参加比赛，我会全力拼搏，但对结果顺其自然，因为有了好的心态，我常常会超水平发挥。而如果想赢怕输，引起情绪波动，我就可能会发挥失常。对待工作也是如此，我会尽力去做，至于结果如何不完全取决于自己，顺其自然就可以了，没有必要和自己过不去。

家庭教育也是如此。我们期望孩子养成好的生活习惯，但是努力之后可以顺其自然，晚一点培养也没什么了不起的。我们努力帮助孩子考上好的高中和大学，但是如果结果不理想可以顺其自然，因为孩子将来的发展是综合素质的竞争，文凭只是其中的一个方面。我们期待孩子优秀，但是如果平凡也可以顺其自然，平凡的人也可以幸福和精彩。如此一来，父母心境平和，孩子也不会因为压力太大而崩溃，亲子关系好了，孩子会更合作，反而有利于孩子的成长。

努力之后顺其自然，是消除成功学负面影响的良药。这样既能保留前进的动力，又避免出现过多的不良情绪。这种平衡的进取心看似慢，实则快，常常会笑到最后。

努力，有时需要百米冲刺，全力以赴；大多数时候则需要合乎规律，顺其自然一些，人生是一场马拉松，不能总用百米的速度去冲刺。

这种理念是普遍适用的。不过，对于太执着、太进取而遇到很多障碍的人，这种理念更加适合；而对不努力、不进取、不上进的人来说，不妨更多地适度励志。

这就是努力和进取的中庸之道。

当然，人生也不是必须进取和上进的。各种生活态度也都有其道理，只要自己能长久地幸福就可以。

曾经的意气风发，曾经的雄心壮志，很多都最终归于平淡，人到中年，我对那句"平平淡淡才是真"感触颇深。

一位清华大学毕业的妈妈说：

眨眼又到年底了，我在北京已经十余年了。时间过得如此之快，我从一介意气风发的书生，眨眼间成了一个越来越沉默的中年人。

　　回想十年前，与诸师兄弟姐妹在万众瞩目的一流实验室一起求学探索的经历，恍如昨日。当年，师兄为生计所迫离京时，曾经留下一句话：十年后，我还要杀回来。十年之后，世事变化无常，虽然杳无音信，希望江南的师兄一切都好。而师妹为了留在母校费尽心力，在几个大腕之间周旋，那几年她也确实很风光，我们经常是在新闻中听到她的消息，很多人羡慕她的升迁之快和快意人生。可是，前几年她却默默离开母校去外地发展，没有人知道中间的曲折，想来她也不会对人去说。我们都失去了曾经的意气风发和雄心壮志。

　　我们越来越在过一种平缓而忙碌的生活。慢慢让自己爱上这种忙碌而烦琐的工作，习惯这种平缓的生活状态，将更多的精力投入到孩子的教育中去，恐怕人到中年渐渐都落入这样的俗套中去了。

　　这也是大多数人的生活真相吧。

06 | 事物
有其自身规律，
切莫太执着

这里的执着，是佛教用语，指对某一事物坚持不懈，不能超脱。禅宗帮助人们获得内心的宁静，核心就是去执着。吸收禅宗的智慧，有助于心理成长。

生活在尘世中，适当的执着是需要的，但是如果太执着，就会成为障碍。

以家庭教育为例，很多父母虽然对自己的事情想得比较开，但是对孩子的事情却很执着。应该说，父母适当的坚持和努力，会帮助孩子更好地成长。但是过于执着是家庭教育的最大障碍。

很多父母期望孩子优秀，生怕因为自己而使孩子失去了优秀的机会，所以把什么事情都看得很重，从而过多地压榨孩子、逼迫孩子。因此就容易患得患失，忍不住生气、发火，结果和孩子关系紧张，内耗过多，不但亲子双方都痛苦，还阻碍了孩子的成长。

比如执着于孩子的生活习惯，如果孩子偶尔不按时睡觉、不刷牙，父母就会上纲上线，放大事情的影响：今天没做好，是否以后都做不好？小事不养成好习惯，遇到大事怎么办？生活上不养成好习惯，怎么会有好的学习、工作习惯？这样一来，生气发火就难免了。

再如一定要孩子学习成绩好，一定要考上重点高中、重点大学……有这样的目标是正常的，但"一定"就过于执着了，让自己压力很大，情绪自然难以控制。这也会给孩子很大的压力，成为一颗不定时的炸弹，不知什么时候爆炸。

　　有的父母总是急于改变孩子，希望孩子的问题马上解决。其实孩子的变化需要一个过程，有所反复也是正常的，过于急躁会让孩子反感，破坏亲子关系。

　　过于执着是人生的障碍，在方方面面都有负面影响。比如坚持正确的事情是应该的，但是如果在本不必执着的事情上较真，忽略了别人的感受，就会伤害感情；想赢是正常的心理，但是如果过于想赢，在比赛中就会患得患失，反而容易输掉比赛；争取自己的利益是正当的，但是如果过多考虑自己的利益，就难以与他人合作，得不偿失；有目标是应该的，但是如果执着于必须达成目标，那么就会过于勉强自己，脆弱敏感，最终可能反而失去了前进的动力……

　　曾经有一位朋友执着于成为伟大的人物，结果理想与现实相差太远，反而陷入心理危机；我曾经执着于节约时间，结果让自己很累；有的孩子执着于一定要考上最好的高中，却因压力太大崩溃而休学。执着，能推动人更加努力，表现得更优秀，但是如果过于执着，就可能适得其反。

　　事物有其自身的规律，过于急切的要求、过于强烈的愿望，往往适得其反。当然，其中的度需要仔细体会，也不易把握，往往是出了问题人们才会发现尺度没有把握好，所以及时反省、调整是重要的。

　　请放下过多的执着，努力去做，对结果顺其自然。

07 | 领悟
不二法门，
不再焦虑纠结

　　不知不觉中，我和我的朋友们都已经"四十不惑"了。有时一起聊天，说起年轻时曾纠结、在意的很多事情，经常说的一句话是：其实都差不多。年轻时觉得富有好、有名气好、职位高好、有成就好，否则就有些糟糕；现在看得开了，发现差别没有那么大，即使有些不如意也没什么大不了的；或者说，其实就是那么一回事。这种"看得开"和禅宗的"不二法门"是相似的。禅宗是具有中国特色的本土佛教，有利于人们保持心灵的宁静，不二法门是精髓所在。

　　禅宗六祖慧能说：佛性是佛法的不二之法。所谓"二法"是指互相对立的两方（事物、概念等），**"不二"是指既不是此方也不是彼方**，比如世间即出世间，烦恼即菩提，垢净不二等，强调其相对性。通俗来讲，看似对立两方的差别只是相对的，不是绝对的。

　　生活中人们容易纠结于看起来相互对立、矛盾的两面，比如得和失，赢和输，成功和失败，贫和富，有权力和没权力，有名气和没名气，优秀和平凡，好学校和一般学校，好工作和一般工作……矛盾双方是有差别的，但是如果把差别看得过大，就会陷入执着，生出许多烦恼来。

　　有一位初二的女生在我这里做咨询。她希望自己中考能考好，所以想在期中考试有个好成绩，以此来证明自己。但是由于愿望太迫切，考试时有些紧张，结果考得很不好。这让她担心中考会失利，所以陷入焦虑之中，几个月都无法自拔。我发现她焦虑背后的认知是：如果考上普通高中将来就很好，考不上就很差。把两个结果的差别看得这么大，而现在的成绩又预示着可能考不上普通高中，自然会很焦虑。

这两者的差别真的那么大吗？考上普通高中固然可能会好一些，但是学历的作用正在淡化。即使考入名牌大学也不能保证什么好工作；而如果选择职业高中 3+2，大专毕业也还是有不少机会的。孩子未来的发展取决于综合能力，而这更多地来自自身的努力，与文凭的关系不像看起来那么大。她若有所悟，慢慢地想明白了，就逐渐从焦虑的泥潭中走出来，开始正常地学习了。

一位同事有一次特别想立三等功，但是遇到了很多阻碍，最终没有如愿。那一段时间他压力特别大，他说感觉就像得了精神病一样。这就是因为太执着了，把立三等功看得太重要了。他回头再看，都觉得好笑，立还是不立也没有太大的区别，没什么了不起的。

如果我们有更多的生活经验，看到更广阔的世界，就会发现矛盾双方的差别并没有看起来那么大。

马云说过："我有生以来犯下的最大错误就是创建了阿里巴巴。我没有料到这会改变我的一生。我本来只是想成立一家小公司，然而它最后却变成了这么大的一家企业。如果有来生，我不会再干这一行。我希望有机会到世界上任意一个国家，平静度日。我不想谈论生意，我不想工作。"马云这样说虽然也许只是一时感慨，但也有真实的成分，财富、成功、名气不像表面上看起来的那样光鲜，也会给人带来烦恼，俗话说：有得必有失。

世间无常，所谓"祸兮福所倚，福兮祸所伏"，看起来好的最后未必是好的。世界有时也是公平的，上帝给你关上一扇门的同时可能也给你打开了另外一扇门，所谓失之东隅，收之桑榆。事情本身也是各有利弊的，纯粹的好事或坏事是少见的。

经过人生的历练后，你会发现：有梦想和没有梦想到底哪个更好？其实也说不准。有成就和没有成就看起来相差不少，但有所得必有所失，退休之后再看不过是一场梦而已。官运亨通和做平凡小民哪个更幸福？不好说，有时平凡的人更幸福。

有了不二法门，我们可以放下过多的执着，放下纠结。

这里需要说明的是，我的理念和禅宗有所区别。比如禅宗提倡放下执着，我提倡放下"过多"的执着，适当的执着还是需要的。这样可能更适合世俗的人们。

08 | 淡定从容：
体会不勉强的
妙处

上大学时，我喜欢读西方文学，其中《约翰·克利斯朵夫》《巨人传》等给我留下了深刻的印象。比如《巨人传》里就说道：最可怕的敌人，就是没有坚强的信念；宿命论是那些缺乏意志力的弱者的借口；人生是一场无休、无歇、无情的战斗，凡是要做个够得上称为人的人，都得时时刻刻向无形的敌人作战。文字很励志。

西方思想强调意志的坚强，注重人的主观能动性，激励人去奋斗，克服困难。这种思想是积极的，有时成功就在于再坚持一下，努力之后有些看似不可能的事情也能做成，人的潜力有时可能超出想象。

但是，所谓物极必反，**过于强调意志力，就可能违背事物的规律；过于努力，就可能不考虑实际情况。这样反而会成为障碍。**

很多事情如果不遵循规律，就可能会出问题。比如锻炼身体，最好先做些准备活动再剧烈运动，开始就用全力会容易受伤。做事情，如果条件不成熟却"霸王硬上弓"，就相对容易失败。乒乓球、羽毛球强调动作的合理性，如果勉强去做动作就容易出现失误。与人交谈，如果勉强自己，没话找话，也会略显尴尬。用脑如果不合乎规律，也容易疲劳，甚至导致头痛。

我以前常常勉强自己，自己和自己过不去，感觉很不舒服。慢慢地通过自我成长，在不知不觉中，我体会到了不勉强的妙处。比如，我原计划午饭后去踢球，但觉得有些困，那么就先小憩片刻，精神健旺了再去，这没什么。

文章没写完，但是觉得有些累了，何必勉强继续写呢？先休息一会儿再说，不急。朋友来青岛避暑，我建议他去崂山游览，而他有自己的安排，那么顺其自然，他喜欢就好。羽毛球扣杀如果太勉强，不妨过渡过去，这样更稳健。

《顺应心理，孩子更合作》出版之后，出版社为我提供了一个做音频节目的机会，预期会有一定的宣传效果。我试了几次，发现自己在这方面并不太擅长，即使努力去做，效果可能也不太理想，还会花费太多时间。所以我放弃了这个机会，宣传的途径也较多，不必太勉强自己。

我们可以用坚强的意志去努力，目标也可以远大，但是在当下的每个瞬间可能需要从容、自然、合乎规律。如果去观察林丹的比赛，就可以发现即使是奥运会，他的每个动作都是从容和合理的，大力杀球也都是在适合的位置才会进行，这就是世界最高水平的处理方式。看 NBA 总决赛，那么重要的比赛，詹姆斯有些投篮的动作也是很柔软放松的，因为唯有如此才能保证命中率。

我们不要太勉强自己，也不要太勉强他人。

比如在家庭教育中，父母需要适当坚持，但不要太勉强孩子。孩子写作业烦躁了，不必勉强他继续写，让他休息一会儿，平静了再写效率更高。孩子不愿意做的事情，有时也不必勉强，等他体验结果之后再去商量，效果可能更好。有些兴趣班，如果孩子既不擅长又不喜欢，那就没有必要勉强，非要去坚持。勉强会引起孩子的反感，进而不合作，适得其反。

与人打交道也不要太勉强。比如，你希望别人做什么，但是人家并不太想做，如果非要去劝说，可能就比较费力而且尴尬；两个人意见不合，如果非要坚持自己的，有时就会不欢而散；即使本意是为了别人好，但是如果人家并不情愿，非要热脸贴上冷屁股，可能谁都烦吧。

意志力是需要的，努力也是需要的，但是不要太勉强，合乎规律、顺其自然更好。

09 | 面对压力，
从容淡定的
秘诀

　　一位女士对自己要求很高，她在公司里刚刚开始从事销售工作，就希望自己能够做到最好，为此她的压力很大，焦虑到失眠。她这样不管实际情况，不考虑自己的能力、基础，过高地要求自己，压力自然比较大。这样即使取得成功，她也会饱受心理困扰。

　　那么，如何才能既把事情做好，又不会压力太大呢？

　　有一次，我和几个同事去北京出差，单位最高领导来给我们做动员，对我们需要完成的工作提出了很高的期望。同行的一位小伙子感到压力很大，因为任务艰巨，不知结果如何，如果完不成领导交付的任务怎么办。我作为课题负责人却很轻松，心里没有什么压力。难道我是个不负责任的人吗？非也，我做事很认真，而且负责的事都力求做到最好。难道我有超能力，对工作任务胸有成竹吗？也不是，我没那个本事，也不知道能完成到什么程度。难道我无欲则刚，对个人发展无欲无求了吗？那更不是，我还是很追求进步的啊！

　　可为什么我的压力不大？因为我秉持了合理的认知：做好能做的事，其他的顺其自然。所以，我认真去筹划，按照科学合理的方法去组织，然后带动大家努力地去工作，至于结果，顺其自然就可以了。如此一想，自然没有压力。

　　看似简单的几句话，我却是经过很长时间才领悟到的。

大学时，我喜欢看《约翰·克利斯朵夫》，其中有一段对话给我留下了深刻的印象，但是过了好多年我才真正地理解。

克利斯朵夫奋斗了一年，没有达到愿望，很失望。他的舅舅（高托夫列特）告诉他："人是不能要怎么就怎么的。**最要紧的是不要灰心，继续抱住志愿，继续活下去。**其余的就不由我们做主了。你得虔诚，你得等待。如果你是好的，一切都会顺当的。如果你不行，如果你是弱者，如果你不成功，你还是应当快乐，因为那表示你不能再进一步。干吗你要抱更多的希望呢？干吗为了你做不到的事悲伤呢。一个人应当做他能做的事，竭尽所能。"

"噢！那太少了。"克利斯朵夫皱着眉头说。

高托夫列特很亲切地笑了："你说太少，可是大家就没做到这一点。你骄傲，你要做英雄，所以你只会做出些傻事……英雄！我可弄不太清什么叫英雄；可是照我想，英雄就是做他能做的事，而平常人就做不到这一点。"

"啊，"克利斯朵夫叹了口气，"那么生活还有什么意思呢？简直是多余的人。可是有些人说'愿即是能'……"

高托夫列特又温和地笑了起来："真的吗？那么，孩子，他们一定是一些说谎大家。要不然就是他们根本没有多大的志愿……"

克利斯朵夫若有所思地看着舅舅走远，反复念着他的那句话："竭尽所能。"

他笑着想："对，……竭尽所能……能够做到这一步也不错了。"

这一段话我当时反复看了很多遍，只是若有所悟，因为根深蒂固的习惯性思维阻碍我理解其中的深意，多年后我才明白！

人不是想怎么样就怎么样的。所以，人只能做他能做的事情，而不是期望自己能做的事情。不要过多要求自己去做目前做不到的事情，压力就会小得多。虽然从长远来说，一个人的能力可以不断提高，但是在当下还是有一定的局限性的，这也是事实。

努力去做之后，如果能做到自然好；做不到，对结果也可以顺其自然。

很多人也许会有疑问：什么是自己能做的事情呢？会不会低估了自己的能力？尽力而为，是否真的尽力了？是的，这个度不好掌握，也没有客观衡量的标准。最重要的是自己的感受，是否太累？是否太焦虑？是否难以承受？感到有问题就需要调节了。而且，压力调节因人而异，对压力太大的人来说，需要减压，对不努力的人来说，还需要适当加压。

这是一种中庸的理念，既保持了积极进取，又避免了因为压力太大而内耗。心态平和了，反而可能做得更好。

一位初中老师很敬业，但是她所在的中学是当地最差的，班上有些孩子放弃了学习，有些上课不认真听讲甚至睡觉。她感觉很无奈，也很着急。其实到了初中，孩子为什么会放弃，往往是日积月累的结果，而且学习的悟性可能本来就一般。如果是这种情况，是很难扭转过来的。所以，她也只能做自己能做的事情，比如多鼓励孩子，帮助孩子在班里有尊严、不受歧视，或者发挥家长的作用，比如和家长一起做好适合孩子的发展规划，至于能不能改变，顺其自然就好了，毕竟一个老师的精力和能力也是有限的。这样一来，心情平静下来，才会有更好的状态去教学。

还有一位妈妈说：

运用维尼老师的理念，我有了平常心，而且积极进取，不断进步。在工作上，我现在也努力做好能做的，对结果顺其自然，并且往往能做得比较好；有的实在没有做好，就老实向领导交代，领导一般也能包涵。这样，日子就过得开心啦！

这种压力调节的方式同样适合孩子。如果孩子太希望考好，压力太大，他就会紧张，遇到不顺利时很容易慌乱，甚至崩溃，反而会影响考试成绩。所以，当孩子面临考试的压力时，告诉他：做好你能做的事，其他的顺其自然就可以了。这样，孩子会淡定许多，心情放松平静，反而容易发挥好。

10 | 如何
识别不合理的
习惯性思维

　　成功学有积极的方面，但是本身也有不合理之处，如果运用不当就容易带来不良影响，在各个方面形成相应的习惯性思维，那么即便知道不要太执着、太勉强，人们也不会马上改变。

　　这需要长期的努力：去一一识别不合理的习惯性思维，说服自己，建立新的合理认知，逐渐形成新的习惯性思维。这样才能逐渐消除成功学的不良影响。

　　这是我与一位高中女生的对话。

一心多用，反而适得其反

　　女生：维尼老师，看了您的文章，我深有同感，我也是对自己有很高的要求，其中之一就是一定要考上名牌大学。您说您以前会同时想几件事情，很巧，我也总想一心几用，做数学的时候想着背课文；背课文的时候又想着做数学，结果几件事都做不好。我还要求自己能快速掌握知识点，并且能举一反三，如果做不到，就贬低自己。如果其他同学能做得很好而我没做好，我就会怕同学嘲笑。我不喜欢这样，也想改变，但形成了习惯，怎么也改不过来了。

　　维尼：如果太执着于过高的目标，就容易出现这些问题。因为你会感到只有各方面都做到很出色，才能实现这些目标，所以自然会过高地要求自己。

为什么难以改变呢？这是因为已经形成了习惯性思维，比如你虽然知道不应该同时做几件事情，但是又习惯性地一心多用。

女生：就是这样的！我也觉得这样不好，但是总是无法自制，说服不了自己。

维尼：咱们一起找找这些行为背后的认知根源。比如背课文的时候想数学，为什么要去想？是数学没做完，还是想利用好时间？

女生：这两个原因都有。

维尼：那不妨说服自己，一次只做一件事是最有效率的。

女生：可是做一件事总是感觉会比其他同学落后！

维尼：看来怕落后是第三个原因。这些习惯性思维自动出现，不去分析甚至不会觉察到，自然不会怀疑了。

女生：嗯嗯，我一直都是这样想，没有怀疑过……

维尼：怕落后的想法可以理解，不过，欲速则不达，这样一心多用容易累，影响效率，反而可能会导致落后。

女生：班主任以前经常对我这样说，可我就是说服不了自己。

维尼：理解，习惯性思维根深蒂固，不是那么容易改变的。要想说服自己，首先要放下对目标过多的执着，想考上名牌大学很正常，不过"一定要考上"，压力就太大了，不妨努力去做，对结果顺其自然，考上更好，考不上未来也是有希望的……这样会轻松很多。然后再去一一改变习惯性思维，比如：事情要一件件做，背完课文再做数学也不耽误什么；一次只做一件事情效率最高，并且节省时间；既然已经尽力了，那么是否落后，顺其自然就可以了。如果相信这些了，就用一句话"一次只做一件事"代指这些含义（认知咒语）。之后再想一心多用的时候用这句话来说服自己。事后也可以反省，经过七八次这样的训练，新的习惯性思维形成了，问题也就解决了……

女生：好的，我试一下。以前我的想法太多，过多逼迫自己，这样真的反而让我的效率越来越低。

维尼：其他的问题也可以用相似的方法去解决，你先去实验一下。

女生：我清楚了，谢谢您，我会慢慢练习这些方法的。

还有的人对成功的执着表现为无法接受不可掌控的事，以下是我与一位女士的对话。

太有掌控欲，也是不尊重自然规律的表现

女士：我为什么这么脆弱？尽管我在心里告诉自己，我很优秀，应该有自信。可是，很多事情我都做不好，这把我的自信击得粉碎……

维尼：你是不是对自己要求挺高，而且要求自己一定要达到？

女士：是的，我希望自己什么都可以做好，即使不是最好也是优秀。我在走一步之前，会有走十步的打算，让事情的发展尽量掌握在自己手里。但平常总是有一些事情脱离了自己的掌控，这让我感到很失望，接受不了，觉得自己很失败。

维尼：其实很多事情不是自己所能掌控的，人的能力有限，不是想怎么样就怎么样的。

女士：不是想怎样就怎样？……好像是这样的呢！

维尼：如果总觉得自己应该做到，实际却做不到，你就会有压力，怀疑自己，觉得自己不行。其实我们也要学会理解自己，有时做不到是很正常、没什么的。

女士：那我要做的就是量力而行，对吗？

维尼：是的。**做你能做的事情，而不是做你认为可以做到的事情。**

女士：嗯。也就是说，不必急于求成，顺其自然，知足常乐，接受现状。

维尼：你是不是相信，只要努力，梦想就一定能实现？

女士：差不多。

维尼：这个思想可能会害人，让人觉得有很美好的前景等着自己。如果达不到，就认为是自己的错误，自己不行。

女士：对，您说得对。我就是这样想的。

维尼：其实不是这样的，梦想的实现需要很多主客观条件。所以不如努力去做，对结果顺其自然；尽人事，由天命。

女士：那您是怎样理解"努力不一定会有成果"这句话的？如果是我，

我就不会去努力了,您呢?

维尼:还是要努力去做,不努力难以有成果,努力了有成果的可能性要大。只是对结果要顺其自然,不要因此否定自己。

女士:您相信命运吗?

维尼:由天命,并不是说一生下来命运就注定了,不可改变,只是说一个人的力量是有限的,不能够左右所有的事情,一个事情能否顺利,是由很多主客观条件决定的。所以,如果努力之后还没做到,就安然接受这些现实,服从所谓"命运"的安排。

女士:嗯,我有些明白了,确实不是想怎样就怎样的。不论什么事都要努力去做,虽然结果有可能不像自己预期的那样完美,但一定要学会放平心态,去接受它,结果不好,不代表我没有收获,不代表我没有进步。总之,要诚实对待自己,正视自己的优缺点,明白自己能做到什么,不能过分要求自己。我好像懂了。谢谢您,维尼老师。

太执着,太想成功,顺利的话还好,如果遇到挫折,尤其是难以克服的困难,就容易陷入痛苦之中。在成长的过程中不知不觉形成了一些不合理的习惯性思维,如果不去识别和改变,就容易导致痛苦。

不合理认知导致紧张焦虑

女生:维尼老师,您好。我的目标很高,一定要考到十大名校之类的大学。我对自己的要求特别高,达不到就异常痛苦。我是一个很好强的人,每一次失败都会让我痛苦不已。我把每一次的考试都看得很重要,所以一到大考就紧张。我看重努力的过程,觉得努力了就一定要成功,不然就不公平。所以在考试的过程中我就特别紧张,考试之后又太看重结果,认为自己比别人付出得多,就一定要收获得多,所以在考得不好时很痛苦。

维尼:你所说的"一定"是痛苦的根源之一。很多事情不是自己能完全掌控的,如,你不懂得如何缓解自己的紧张,不知道如何从痛苦中解脱。这些都做不到,怎么能做到一定呢?"不能一定"的事情却想着一定,是违反规律的，容易带来紧张和痛苦。比如，你为什么一定要考上十大名校？考不上的话会如何？

女生：考不上，找的工作就没那么好。我的梦想是成为一名法官，或者从事别人没有从事过的事业。

维尼：十大名校和其他大学相比可能有些优势，但差别不是那么大。

女生：文凭不是非常重要吗？

维尼：现在文凭贬值得厉害。名校未必能找到好工作，普通学校未必找不到好工作，差别不像想象中那么大。工作选定之后，发展如何，要看综合能力，这与文凭的关系就不是那么大了。

女生：原来是这样的啊！老师和父母一直告诉我考上好大学才有好工作，考不上就没有好工作。

维尼：即使考入一般的大学，以后还有考研、考博的机会。人的学习是一生的，毕业后几十年如果一直努力，就会轻松抵消大学四年教育的差异。

女生：也就是说，事在人为。无论何时，机会都是有的，重点是自己要努力。看来我把有些事情看得太重要了，导致太多的烦恼产生（太执着）。

维尼：没错，是这样的。考上什么学校，其实并没有那么大的差别（不二法门）。所以，努力去学习，但是对结果要顺其自然，即使达不到，天也塌不了，一直还有机会。

女生：明白了，这样想我好受多了。老师，每一次犯错，我都会对其进行无限的想象，把结果想得很恐怖。然后再联系到学习，想象那件事会对学习造成怎样的影响，然后很痛苦，害怕想起那一件事，但越害怕想得越频繁，这怎么办呢？

维尼：你以前对考名校那么执着，必然要在很多事情上做得完美才有可能达到。也就是说，你容不得学习受影响，一点小的失误就会让你联想到目标实现不了；一点失败，也会让你觉得这证明了十大名校的目标是达不到的。

女生：对啊！！就是这样！！真是说到我的心里去了。

维尼：所以，咱们努力去学习，对考得如何顺其自然。这就把根源除掉了。犯错就犯错吧，顺其自然。

女生：也是啊，现在想起来也就没什么了。豁然开朗！哈哈，我还小，以前总把结果想得太糟糕。即使高考失误，还可以复读嘛。但在那之前，我会"尽人事"的！我还有一些疑惑。我们老师说学习是一件非常简单的事，如果连这你都做不好，那你以后到了社会大多会没有出息的。有时老师这样一说，我看到成绩不好，就怀疑将来的梦想是不是实现不了了，也很痛苦。

维尼：现在觉得这种想法合理吗？

女生：让我想想……好像也不合理。学校学习的能力只是人的综合能力之一，梦想能否实现并不取决于这个，不是很多学习不好的人也很成功吗？比如马云、马化腾。以前我没有怀疑过老师这个说法，所以会放大学习不好的影响，联想到梦想无法实现了，所以很痛苦。

维尼：分析得不错。另外，学习可不是简单的事情，不是想要什么成绩就能有什么成绩的，老师向你灌输的理念是不合理的，容易让你否定自己。我们努力去学习，对结果顺其自然，如果最终实现梦想当然好，没有实现也还有机会。

女生：坦然面对一切，放平心态，并尽自己的努力，顺其自然——这是精髓。谢谢老师，今天的谈话对我很重要。我感觉好多了。

一周后。

维尼：上次我们谈到的让你紧张的那些事情，现在感觉如何了？

女生：那些问题已经解决了，感觉不大会影响我了。

维尼：现在怎么想高考的事？

女生：嗯，还是那句话：尽人事，由天命。这三年，我允许自己有短暂的松弛，但我还是要有坚定的长远目标，不断努力。

11 | 如果你有
过于追求完美的
倾向

　　说起来，追求完美是一种普遍、正常的现象。一般人都期望一帆风顺、万事如意，不顺利、不如意的时候会不太高兴。追求完美也是前进的动力，它会推动我们把事情做得更好，让自己越来越好。比如写作本书，我也是力求完美，希望奉献一部精彩的作品。如果没有这种精神，可能结果就会逊色不少。

　　但是，如果过于追求完美，就容易造成心理的困扰，甚至严重的心理问题。比如强迫症、焦虑症、抑郁症常常源自过于追求完美的性格。但是，改变过于追求完美的性格并不容易。因为追求完美的性格会在很多方面形成习惯性思维（认知体系），而且每一个习惯性思维还有其他的根源（认知树）。

　　一个人如果过于追求完美，就会在多个方面追求完美，形成多个不合理的习惯性思维体系，只改变核心思维是不够的，你还需要一一去改变具体的习惯性思维。比如有一个男孩追求完美，他会纠结于一个字写得是否漂亮、能否考一百分、一个决定是否完美，担心卷子会折了、题目做错了……这些都需要一一去改变（认知体系）。

　　有一位妈妈有些追求完美，她每次听到儿子说脏话心里就觉得刺痛。她也知道不该追求完美，但她还是纠结。这是因为这种纠结还有其他根源。比如说，孩子说脏话会显得孩子没教养，说明妈妈教育失败。只有全部改变这些认知根源，才会放下纠结（认知树）。

学会三种思维，可以更好地接受不完美。第一，坏事变好事，不完美的事情可能本来存在好的一面，或者经过努力是可以变好的。第二，很正常，没什么。我们为什么纠结？是因为我们放大了事情的影响，其实可能很正常，没什么了不起的。第三，顺其自然。如果不完美是无法避免或不可改变的，那就接受，顺其自然。

比如我家新铺的实木地板，看着挺漂亮的。有一次，我不小心把两块硬木板掉到了地上，砸出两个小坑，还真是有些心疼。不过转念一想：有了这一次的教训，我会更注意，知道地板娇贵，可能就会避免以后更大的破坏（坏事变好事）。另外，这种破坏其实很正常，是应该会有的，一直完美才奇怪（很正常，没什么），破坏就破坏了吧（顺其自然）。如此一想，我就放下了。形成了习惯性思维以后，再遇到类似问题，我很快就不纠结了。

我最近与几位初中老师合作研究在学校教育中如何顺应心理，让学生合作。一位老师提问说，该不该在家长群里表扬学生呢？表扬了，被表扬的固然高兴，但是有的学生家长会问："为什么没表扬我的孩子？"虽然我们需要考虑周全妥帖一些，但是其实没有完美的方案，怎么做都会有问题。所以，有时只需要抓住主要方面，预防大的问题就可以了。追求完美，可能寸步难行。

12 | 找不到目标，
如何度过青春的
迷茫

很多人年轻的时候，往往找不到目标，不知道干什么，充满了迷茫。其实这是很正常的，即使有了目标，十年后回头看，当年的目标可能也只是一时的热情，不见得适合自己。

那么该如何度过这段迷茫期呢?

我们并不是只适合做一种工作，大可把眼界放开阔些，不急于确定方向和目标。不妨先去让自己成长，争取每天都不要虚度，每天能够进步一点，全面地提高自己的能力，去锻炼、去经历。这样边成长边思考，关注和寻找机会，慢慢你就会发现自己最适合干什么。等到机遇来到面前，此时你的能力已经提升，你做好了准备，一切就会水到渠成。

有些年轻人很着急，生怕几年没目标就影响了远大前程。其实对一生来说，几年的等待也没什么。我在从事家庭教育之前，做了18年的科研工作，看起来是走了弯路，但每一天我都着眼于自己的成长，现在看也没有耽误什么。

另外，事情是相通的，如果我们能认真做好每一件当下的事情，我们就会天天有所收获，综合素质就逐渐提高了。这也是竞争优势所在，在这个时代，如果一个人的综合能力强，他就会有更好的发展。

CHAPTER / EIGHT

第 八 章

接 纳 不 完 美 的 自 己

内 心 的 重 建

有句名言："严于律己，宽以待人。"这有一定的道理。但是，如果对自己要求太高、太完美、太严格，自然常常做不到，因此而自责、烦恼、痛苦，就是和自己过不去了。这时不妨对自己好一点，学会理解自己，接纳自己，善待自己，放过自己。放下包袱，才能更好地前行。

01 | 只要是人，
就会不完美

　　我们总会有一些缺点和不足，现状也不尽如人意，所以我们可能对自己不满意，甚至自责太多。当然，我们需要去成长，去改善，不过，缺点和不足通常不会马上改正，现状也不会很快改变。所以，想保持好的心态，就需要先接纳自己。

　　"无条件自我接纳"是合理情绪疗法创始人，美国心理学家埃利斯所倡导的。埃利斯建议人们要学会**"无条件自我接纳"：个体完全并无条件地接纳自己，无论他的行为表现是不是明智的、正确的，或者适当的，以及无论他人是否赞成、尊重或者爱他。**

　　接纳自己不是觉得自己一切都好，而是对自己持一种客观诚实的态度，清晰地看到自己的缺点和优点，实事求是地看到自己的现状，学会"理解"自己，放下过高的标准和要求，对自己宽容一些，不去过多在意别人的眼光，平和地接纳自己的缺点和优点，接纳现状。就像接受夏天的炎热和冬天的寒冷一样，虽然寒冷和炎热不太美好，让人不太如意，但是我们可以安然接受，照样愉快地生活。换言之，如果不肯接纳，为此而纠结、烦恼，这只会给自己添堵。

　　接纳自己也不是不寻求改变，而是知道改变需要一个过程，先接纳自己，再着眼于未来的逐渐改变、成长。

　　一位妈妈说：

曾经的我，没有得到父母足够的包容，我觉得是因为我不优秀，父母才会嫌弃我。为了讨好父母，我对自己要求很严，有了许多道德洁癖，硬要把自己包装成一个高尚的人。强迫自己变得高尚，只包容自己好的一面，极度鄙视自己"不好"的念头和品质。

我很成功地成了一个人人称道的高尚好人，但迷失了自我，以至于过去的十年里，我饱受强迫症和抑郁症的困扰，却又不知向谁诉说，差点丢失了爱情，怠慢了工作，玷污了亲情，甚至在生与死的边缘徘徊了很久。

后来我终于明白了，一个人应该接纳自己，接纳自己的不完整、不完美。我开始慢慢接纳自己曾经鄙视的念头，慢慢包容自己觉得不齿的想法和行为。

现在的我经过多年的修行，知道很多所谓"不好"的表现其实是很正常的：

我爱自己的坚强，也爱自己的脆弱；

我爱自己的稳重，也爱自己偶尔的浮华；

我爱自己的好皮肤，也爱自己的小眼睛；

我爱自己的聪慧，也爱自己的神经过敏；

我爱自己工作起来雷厉风行，也爱自己很想偷懒钻空子；

我爱自己对孩子认真负责，也爱自己对自己随随便便；

我爱自己对爱人忠贞，也爱自己欣赏身边异性的美好……

02 | 找回
真实的自己，
真正自我接纳

那么，如何才能做到真正的自我接纳呢？

1. 理解和宽容自己，"很正常，没什么"

当我们为某些事情纠结的时候，如果看到事实、真相，我们就会发现那些可能是"很正常，没什么"的，对作为凡人的我们来说，是可以理解的，所以不必过于苛责自己。

偶尔说说脏话，很正常，没什么；偶尔忍不住对孩子发火，这也是难免的，很正常，只要不经常如此，问题也不大；心里偶尔冒出不洁的念头，不过是人之常情，没什么；有些自私，也很正常，毕竟我们不是圣人；说到却没做到，只要尽力了，这也正常，不必太愧疚；努力了，但事情没做好，也很正常，吸取教训就可以了；没有经验的事情，容易出错，这也是难免的，反省总结之后就有了经验；有时没有控制好自己，也很正常，谁也不能做到完全自控……

当然尺度是很重要的，过与不及都不好。比如，经常说脏话、经常对别人发火自然不好；如果太自私、经常不守信、经常出错，还是不要那么轻易原谅自己为好。

一位妈妈说：

向维尼老师咨询后，我最大的体会是：我是一个正常人，出现问题也是正常的。

以前我如果说错一句话，做错一件事，或者被别人说一句，就会纠结半天，觉得自己什么都不是，怎么做都是错的，不能原谅自己。到最后就越做越错，越来越纠结，甚至有了抑郁症状，痛苦万分。

现在最大的变化是，我不纠结了，错了就错了，很正常，先接纳自己，对身边的人和事也看淡很多，这样我也快乐了很多。接纳自己很重要，自己阳光了，看什么都是亮的。

2. 做能做的事情，其他的顺其自然，不勉强

有时对自己不满意是因为自我要求太高、太完美，这样自然难以接纳自己。所以，我们需要放下过高的要求，不要太勉强自己，做自己能做的事情，对结果顺其自然。

一位妈妈说：

因为从小父母对我要求严格，我做得再好，也得不到一丝表扬和肯定，所以我一直不自信。

不管在工作中还是在生活中，如果一件小事没做好，我会一直很后悔；对于要做的事，我也是反复地考虑，该怎么做、要不要做，害怕自己做不好，害怕别人笑话我，害怕事情没做好所带来的后果。这让我抑郁焦虑，也让我容易受外界的影响。

我学习了维尼老师的理念，尤其是"无条件地接纳""做好你能做的事，其他的顺其自然""很正常，没什么""学会不太勉强"。我开始反思：自己又不是完人，怎么可能样样事情都做好？世界本来就是多样性的，每个人都有自己的特点，有时候一个缺点在另一方面也是优点，我目前的能力、生活状态也与遗传、家庭、环境等多个因素相关，不全是我自己的问题。我不可能做好每一件事，也不可能让所有的人都满意。

当有了这些想法之后，慢慢地我就接纳了自己；当我能够接纳行为的结果，学会顺其自然之后，我就静下心来了，就能理性地考虑该怎么做了。我开始分析以前的不足和需要改进的地方，然后去努力提高。

自此，我不断反省自己，在工作和生活中都得到了成长。

接纳自己，不是不思进取，而是卸下不必要的压力，减少内耗，更好地前行。

03 | 放过自己，
不必太苛责

我们有时太苛责自己了。从小我们就被教导：严于律己，宽以待人。

有的育儿专家说：孩子的问题，百分之百就是父母的问题。

励志成功学告诉我们：所有的失败仅仅是因为你的努力还不够。

我们对自己要求太高，总觉得自己做得不够好、不够优秀。

遇到失败，把责任全部归于自己。

为自己做不到的事情而焦虑。

……

这种思维方式也许会激发我们的潜能，也许能让我们变得更强一些、更好一些。但是，这样想也很容易压抑自己，给自己太大压力，内耗太多，反而会削弱前进的动力。

一位妈妈说：

有的专家说，父母是孩子一切问题的根源。我对这句话深信不疑，开始走上了自我管理的路，对自己很严格，对家人很严格，希望拥有这种很纯粹的高尚品质，这样才能对孩子有更好的影响。

但是这会让自己很累，真心很累：事事都要对自己严格要求，如果没有做到或者有点私念，就觉得自己很过分，怕被孩子洞察到。

还有一位妈妈说：

我曾被"父母是孩子一切问题的根源"这句话压得透不过气，内疚自责，然后孩子的问题依然存在，我情绪失控的情况屡屡出现，抑郁得快出问题了。

幸亏遇到维尼老师，我才明白自己不是圣人，首先要接纳自己，再去改变孩子。就像维尼老师说的："接纳孩子，也要接纳自己；不苛求孩子，也不要苛求自己。知道孩子有些问题是正常的，也要知道自己的某些表现是正常的；知道孩子的能力是有限的，也要知道自己的有些错误是能力有限所致。"

伤害孩子之后，内疚、自责、道歉是应该的，但是当妈妈的也有个成长的过程，过去的就过去了，凡事向前看，努力给孩子最好的爱。这样心静了，才有力量去改变自己，好好教育孩子。

我们需要反省自己，但不要过多自责；需要理解他人，也要理解自己；需要对自己有要求，也要宽容自己。成长需要时间，只要今天比昨天做得好、明天比今天做得好，就可以了。

苛责自己过多的人，需要学会放过自己；对自己太宽容的人，不妨苛责自己更多一些。这也是中庸之道。

04 │ 理解自己，
放下过多的自责

　　大学毕业之后，我每天会花好几个小时来反省自己，这对我的成长有很大的帮助。反省时，我的心态比较平和，思考也是理性的。反省时，我会先接纳自己，再寻求改变。

　　但是自责就不同了，自责时内心是沮丧、痛苦的，思考的内容有时也不太理性。自责是不接纳自己，惩罚自己。适当自责是正常的，会给自己留下更深刻的印象，也会促进反省。但是，如果把过多责任归于自己，苛责自己，那就是一种伤害了。

　　所以，**反省多多益善，自责还是少一些为好**。

　　一位七年级男孩的妈妈在我这里咨询。妈妈小时候的性格就有一些问题，痛苦的经历让她特别在意孩子的性格。每当看到孩子出现性格问题时，她就会紧张、焦虑，有时会忍不住发火。她知道这会对孩子产生不好的影响，但是她控制不住自己，经常因此而懊悔、自责。每当她控制不住自己情绪的时候，她会自责："我不应该这样，这样对孩子很不好。"

　　其实，如果不懂得方法的话，是难以控制好情绪的。很多家长面对孩子时，经常控制不好情绪，这里面是有原因的。"应该"如此，很正常——这样想的话就容易接纳自己，再去学习认知疗法以调节情绪。

　　我以前在科研机构时，经常负责所在部门运动会的组织工作，尽心尽力，每次都能获得总分冠军，组织工作受到一致好评。有一年，另外一个部门异军突起，再加上我们部门的人员实力下降，所以，我们没有获得冠军。最后，我们部门获得第三名，而且只与第二名相差五分，大家都有些遗憾。我们部门很重视运动会成绩，有人批评我组织工作有问题，我坦然对待，自己也反省了有待提高的方面，但我没有自责。因为我知道，第一，实力下降，而且与冠军差距不小，所以没有获得冠军很正常。第二，很多问题是想不到的，或者事后才想得到，放马后炮谁都会，但是当时想到就难了，所以有些小失误是正常的，换一个人来组织也不会做得更好。第三，这不是我一个人的责任，与领导和很多同事都有关系。我做了自己能做的事情，尽力了，吸取教训，以后再提高就可以了。

有人会问：这是不是找借口？是不是在推卸责任？我觉得不是，一个人又不是神，做自己能做的事情就可以了，没有必要承担不属于自己的责任，尽力了，有了教训去总结就行了。

放下过多自责，接纳自己，这样我们才能以更好的心态去面对问题、解决问题。

05 | 面对批评，
如何做到
淡定自若

我年过四十才学车，早听说过教练们的火气大，一不小心就会挨骂，所以我专门找了一位温和的教练。这位教练的确是难得的好脾气，着急的时候不多，指导也耐心细致。而且我学车的悟性也不错，所以倒车入库练习阶段几乎没有被训过、骂过。

不过考试临近，教练终于开"训"了。第一次练半坡起步定点停车，我出了几次差错，教练急了，木头脑袋之类的话就冒出来了。不过我听了，没在意，继续琢磨着好好练车。

之后去考场适应场地，我最拿手的倒车入库出了问题，简单的曲线行驶也有点错乱，教练发脾气了，开始骂人。我听了，微微一笑，没受什么影响，泰然自若，继续练车。

为什么能不受影响，淡定应对？这是因为我"善于"理解自己。

练习半坡起步，出了差错，其实是因为刚刚练习踩油门和刹车的配合，所以做得不熟很正常；而且相应的技术动作较多，又是第一次练习，想着这个忘了那个再正常不过了。

适应考场出了差错，其实也很正常。我从来没来过场地，情况和在驾校练习有不少不同，很多要点虽然在教练看起来非常简单，但是对我来说，一下子记不全那么多东西是很正常的，毕竟我也是四十多岁的人了。

理解了自己，就知道自己的有些表现其实是合理的、有原因的，也很正常，就不会去否定自己，从而可以镇静自若。这样一来就能继续好好去练车。相反，如果教练一责骂，就自责、懊悔、紧张，那可能就会不知所措，六神无主，怎么能练好车呢？

把事情做好，需要良好的心态，如果过多自责、懊恼，就难以集中精力，反而会影响效率。理解自己，放过自己，看似要求放低了，但是心态好了，反而容易做得更好。正所谓慢就是快，后退是为了前进。

06 | 对于别人，
我们只能负有限的
责任

有责任感，重视别人的感受，关心家人，这都是好的，但如果过度了，对自己而言是一种枷锁，对他人可能也是一种负担。

对孩子的将来不要太负责任，不要每一步都替孩子规划好，不必要求自己一定要把孩子培养得多么优秀。人的能力是有限的，很多事情是我们无法掌控的，所以，不必太执着，努力之后可以顺其自然。这样，我们不那么焦虑，不太强求孩子，对孩子的负面影响会少一些。

对亲人不必过于牵挂、忧虑，因为这也是亲人所不希望看到的。比如打电话不接，自己就担心得不得了，生怕出了什么问题；知道生病了，就非常难过，茶饭不思……这对自己是一种煎熬，对亲人也没什么帮助。**每个人都有自己的命运，我们只能负有限的责任**，做自己能做的事情去帮助亲人，之后就听天由命吧。

说话需要考虑别人的感受，但我们无法做到恰到好处，有时不小心得罪了人也是正常的，所以也没有必要太在意以至于小心翼翼。如果无意中让别人感觉不好，不妨致以歉意，以后加以注意就可以了，不必自责不已。和他人相处，我们需要尊重他人的意见，但也不要太勉强自己。别人喜欢做的事情，我们不喜欢，可以适当地拒绝，不必给自己太多的负担。

和老人相处，需要恭敬，但也可以表达真实的感觉，话说明白了，对双方可能都好。

对于爱人，只要方式恰当，表达真实的感觉有时也是合理的选择，这样不会过多地压抑自己，也有助于沟通。

07 | 做真实的
自己，我们就可以
爱自己

葱蒜妈是跟随、陪伴我多年的网络好友，这是她的一篇文章：

原来，我们可以爱自己

2014 年，我努力的唯一主题似乎就是做自己。

QQ 空间里，我敢说自己对某某事、某某人的反对意见了；敢表达自己的情绪低落与悲哀了，而不总是以积极阳光正能量的身份出现；敢表达孩子的不懂事、不听话、烦人、讨厌了，而不总是表达他们纯真可爱的地方；敢说父母的不是了，而不总是感恩！

不想参加的聚会，就不去了。不想搭理的人，索性就不搭理了，而不再像以前，生怕得罪任何一个人。

老公提议的事，不想做就不做了，回他家时，我也不再只跟在一群人后面做个小跟班。现在我宁愿看着人家的热闹，守着自己的那份宁静。

不再对自己说出"拼搏，努力，再努力"，也不再对自己说"未来一定会更好"，不再说"做一个更好的自己"，也不再说"为了孩子、家人，我要更努力"，不，不需要再努力，不需要一切更好，当下的自己，已经是挺好的了，爱着现在的自己，享受着当下的幸福！

当然，做自己，并不容易。

拒绝老公的提议，多少会有些内疚感；拒绝别人，会担心得罪了人；拒绝孩子，会感觉自己很自私。表达不同意见或批评意见，被网友批评时，会感觉自己很狭隘，甚至会后悔没能像以前那样说得滴水不漏。

但是，拒绝后我发现，很多时候，别人并没有因为自己的拒绝而生气，反而因为知道了我的喜好而给予诸多关照，是自己因为内疚而总是放不下。

原来，拒绝别人，最大的障碍，不是别人，而是自己。

原来，我可以做自己，而不必总是因为考虑别人而委屈自己。

2015年已经开始，这一年，我依然只想做自己。

昨天，一位同事到办公室来串门，对我说："你们把办公室收拾一下呗，这么大的办公室，让你们占得满满的，太浪费了（她办公室小，有点挤）！"我说："亲爱的，你就允许我们乱一点嘛！"她笑笑就走了。我心里没有一丝愧疚。

能够爱自己，才能更好地爱别人！自己被爱了，才能发自内心地去爱别人。不再把这爱的来源，指望在别人身上，而是由自己心里发出，就这样，由衷地爱着自己，欣赏自己，不需要有一丝内疚和不安。

我终于明白：原来，我们是可以爱自己的。

别人吃面的时候，我们可以单独吃一碗米饭。别人说想看海的时候，我们可以说自己更喜欢看山。给别人体谅、考虑我们的机会，而不是让别人在我们的礼让中，忘记了我们的需求。

我们从小被教育和评价的标准，就是是否满足别人的需求！是否能让别人满意！说白了，就是是否听话，有眼色，懂事，能时刻体察别人的需要与喜怒！

打碎一个杯子，我们听到了悦耳的声音；看了蚂蚁，我们感受到了观察小生命的乐趣。但总有大人告诉我们：那是错的，不对的，你应该如何如何。

时间久了，我们便习惯于听从别人的评价，并习惯性地按别人的价值观来评价自己。

最终自己的感受和需要要么被压抑，要么被扭曲，所以才会有越来越多的人不快乐，却不知道原因。

学会做自己，是快乐的开始。

08 | 改变
需要时间，
带着问题去生活

人在尘世，难免会出现心理方面的困扰，这本身会让我们痛苦，这是第一层烦恼。如果因为自己有问题而痛苦，纠结于怎么会有这样的问题，什么时候问题才能消失，那么就会生出第二层烦恼。

所以，解决问题的第一步是先接纳自己的问题，这样至少不会有第二层的烦恼。

我二十多岁时有一些强迫行为，比如会反复检查东西在不在，看书时会忍不住看看书桌上的东西是否摆放整齐了。这对我有一些影响，不过，我理解这是正常心理规律的产物，所以能够接纳它，不为之焦虑，带着它一起生活。然后，我再慢慢去研究解决这个问题的方法，经过几年的时间，我的强迫行为慢慢就消失了，我还因此深刻理解了强迫症的心理机制，总结出解决的方法，收获颇丰。相反，如果有了强迫症状，把它当成可怕的事情，急于解决，因此很紧张、焦虑，在这样的心理状态下，强迫行为或思维会得到强化，结果会更难治疗。

再如抽动症，抽动症本身就是紧张焦虑的习惯性宣泄，如果因为抽动症而紧张焦虑，那么反而会加剧抽动症状。所以，第一步是认识到抽动症状只是紧张焦虑的外在表现，如果不大影响别人，也没什么，我们先带着它一起生活，把注意力放在减缓紧张焦虑的情绪上就可以了。这样不仅有助于心情的放松，也有利于问题的解决。

抑郁症也是这样，如果已经抑郁了，可能会持续几周甚至几个月，难以很快走出来。所以，不要抗拒这种状态，先带着它去生活，再多去转移注意力从而改善情绪，这样有助于摆脱抑郁的情绪。越是抗拒，越是因为自己抑郁而焦虑，就越难以解决。

一位高三学生很上进，希望自己有一个好的学习状态，这样他就能全力以赴地去学习了。但是他有时上课会走神，有时学不进去，无法保持好的状态，无法全力以赴。这让他郁闷，情绪低落，而在这种情绪之下他自然更加学不进去，形成了恶性循环。所以，解决问题的第一步是接纳这种状态，把这种状态当成正常的、应该有的状态，这样心情放松平静，状态反而会好一些，此时再慢慢等待和调节，就可能进入良性循环。

接纳自己的问题，是改变的第一步，也是很重要的一步。

这也是森田疗法所提倡的。

森田疗法是日本森田正马教授创立的一种心理疗法。森田疗法可以用一句话来概括：**顺其自然，为所当为**。

森田理论要求人们把烦恼等当作人的一种自然的感情来顺其自然地接受和接纳它，不要当作异物去拼命地想排除它，否则，就会由于"求不可得"而引发思想矛盾和精神交互作用，导致内心世界的激烈冲突。如果能够顺其自然地接纳所有的症状、痛苦以及不安、烦恼等情绪，默默承受和忍受这些带来的痛苦，就可以从被束缚的机制中解脱出来。

森田疗法强调，不能简单地把消除症状作为治疗的目标，而应该把自己从反复想消除症状的泥潭中解放出来，然后重新调整生活。不要指望也不可能立即消除自己的症状，而是要学会带着症状去生活。

在我看来，森田疗法是第一步，我们先接纳自己的问题，这样少了内心的部分冲突，之后再用合理的方法去解决问题。

当然，有些问题解决好需要较长时间，所以，我们需要先带着问题去生活，心态平静了再慢慢解决问题，这样有助于走向良性循环。

09 | 接纳自己，
放下道德洁癖

这是我写给一位高中生的一封信，他对自己的道德要求太高，如果发现有一点做得不好，就会自责很久，这就是道德的洁癖。

放下包袱，才能更好地前行

我读了你妈妈写的邮件，感觉你是一个对自己的道德要求很高的人。是啊，国人目前道德、素质有待提高，这是当今社会的一个大问题。你希望自己能做一个高素质、有道德的人，这个想法挺好的，也是你的一个优点。

不过，虽然努力提高素质和道德水平是不错的，但是不必要求太完美，有瑕疵也不必自责太多。要知道有些"错误"不过是人之常情，有一些做得不够好的地方其实"很正常，没什么"。

国学大师季羡林说过："我说过不少谎话，因为非此则不能生存。"可见，有时不得已的谎言其实是"很正常，没什么"的。这并没有影响季羡林先生成为学界泰斗，成为大家尊敬的人。

曾国藩知道吧？他是中国晚清名臣，但他也和光同尘，遵循人情世故，收受礼金。不然，他也无法在当时的官场立足，也就自然无法为国家做事了。

其实对你来说，很多事情也是如此。你的很多所谓的小错误，不过是人之常情，"很正常，没什么"。

比如你考试时，打过交卷铃后，老师说放下笔，不要写了，结果你又写了几笔，你觉得自己做错了，但又没有去承认，所以觉得是品德问题，担心自己会越变越坏。其实老师说放下笔，而我们有些题目还没写完，忍不住写几笔，这是很正常的，我以前也有过这样的情况。老师其实也是考虑到这是人之常情，所以，并没有太严格追究此事。

你在图书馆看书，无意中用笔将书划了印痕，这其实是很正常的一件事情，又不是故意的，不算破坏图书，很多人可能都会有类似的经历，以后注意就行了。

偶尔不小心看了电脑上跳出的不雅视频，你就觉得自己像做了见不得人的事情。其实像你这样的年龄，即使想看也是很正常的，不算什么丢人的事情，可以说与道德关系不大。

我以前也遇到过类似的对自己道德要求太高的情况。

一位大学生在我这里咨询过，他对自己道德要求很严，近乎完美，他一直要求对得起别人，甚至要求自己对别人比对自己还要好。这本来是很值得敬佩的，但让他深深地陷入自责之中。

一位初中同学车祸去世，他感到可惜，但心里冒出一个念头，走了，也算是一种解脱吧。这让他很自责："我还算个人吗？"其实，偶尔出现这样的一个念头是很正常的。他的一位女同学申请了助学金，有一次别人问他："她家怎么了？有资格吗？"他说："她爸爸去世了，我们高中时同校，我知道。"以后他见到她就很自责，觉着对不起她，因为把她的秘密告诉别人了，他骂自己变态。其实他也是在帮女同学澄清误会，并不需要自责。他回顾自己交往过的女孩子，大多数家里都比较有钱，他很自责，怪自己拜金，虽然说不看重钱，但是表里不一。但是他也喜欢过一些家里贫穷的女孩，只是被拒绝了。其实爱对方的同时也喜欢对方有钱，也是一个正常的现象，有时也不影响感情的真挚。话说回来，他能为这些事情而自责，恰恰说明他的道德要求高于一般人。但是道德的洁癖却让他为此感到痛苦。

我们需要完善自己的道德、素质，但同时也要接纳自己，有些事情其实是很正常的，没有必要自责太多，这样做会让你卸下包袱上路，更好地成长。

　　需要注意的是，心理成长需要遵循中庸之道，对有道德洁癖的人来说，要学会接纳自己，放下过高的道德要求；而对道德要求太低的人来说，就需要提高要求了。适度最好。

CHAPTER / NINE

第 九 章

顺 其 自 然 的 人 生 态 度

内 心 的 重 建

您是否存在过多的纠结、懊悔、烦躁、焦虑？是否想找到顺其自然的感觉，就像水流在溪谷里穿梭，虽然有诸多坎坷、波折，但都能顺其自然，奔流而下，一路前行。这种感觉想想就是舒畅的，这样的人生也是享受的。放下纠结、学会顺其自然的秘诀就在于建立合理的习惯性思维。

01 | 以幸福
为出发点，
一切都豁然开朗

我二十多岁的时候很疑惑：成功、财富、声誉、爱情、事业、家庭、健康、友谊、人生享受……皆我所欲也，但是哪些更重要呢？如果它们之间冲突了、矛盾了，我该如何权衡？应该牺牲哪些，保全哪些？

后来，我终于找到了破解难题的关键，这就是幸福。人生不过是为了获得幸福，如果以幸福为出发点去权衡，那么就豁然开朗了。

我们所追求的一切，如果有益于幸福，那就值得我们去努力；如果损害了幸福，就需要有所改变了。

比如财富会带来尊严、享受、成就、自由等感觉，让人有幸福感；但是，如果追求财富的过程太过辛劳，心情焦虑，压力过大，这就损害了幸福。这就要有所调整了。

很多人的信条是事业第一，但是，成就事业的目的也是获得幸福，不要忘记初心。如果为了事业牺牲了健康，过多影响家庭，生活缺乏品质，让自己感觉不幸福，那么就有必要思考如何去做才值得了。

对于孩子也是如此，我们常常期望孩子优秀，可能初心是为了孩子将来能够幸福。但是，如果只盯着优秀而不管孩子当下的幸福，可能会让孩子陷入痛苦之中，对孩子的心理、性格都有不好的影响，孩子将来可能也会不幸福，这就有违初心了。

还记得那个买椟还珠的故事吗？事业、财富、名声……这些东西都是装载幸福的盒子，幸福才是真正的珠宝。当我们为了这些而牺牲幸福的时候，想想自己是不是那个买椟还珠的郑国人呢？

中国传统文化崇尚内心与人生的和谐与平衡，以幸福为出发点来平衡人生各个要素之间的关系，这样就容易获得内心的和谐。

另外，关注幸福，也就容易放下对于财富、名利等的过度执着和纠结，努力之后顺其自然。

O2 | 顺其自然，
才会有顺心如意的
感觉

又是一个阳光灿烂的日子。我本来计划上午早早去风景如画的青岛北九水看雪景，想想那个画面就沉醉了。不过昨晚姐夫来了电话，请我帮忙去火车站把他家的车开回来。我理解他们的难处，这种情况下只能去帮忙了。不过想想下午再去北九水也可以，虽然没有上午完美，但是相差也不会太大。（有些事情虽然不如意，但如果必须去做，那就接纳、顺应，不必纠结；看淡不同事情的差别，就容易淡定、顺其自然。）

上午我去火车站把车开了回来，顺路正好办了些事情，感觉也不错。我发现，确实没有必要执着于去还是不去，二者差别也不大。（不二法门：看似对立的事情，差别并没有看起来那么大，可能是差不多的。）

回来准备出发，邀请女儿一起去，她不想去，打算和小朋友玩。我琢磨了一下，去赏美景还是和小朋友玩，对她来说都是快乐的，何必勉强她呢？顺其自然也不错。

到了北九水，需要换乘景区大巴，不巧，上一班车刚刚开走，下一班还需要等待20分钟。运气不好？呵呵，本该如此，上天本来就不该一直眷顾自己，等车的时间本来就可能短、可能长，这很正常，没什么。

进了景区，我发现山上的雪几乎都融化了，看来预期中的雪景是看不成了，该失望吗？其实也没啥，世界有自己的轨迹，不是按照我的预期来运转的，看不成雪景也没什么，既来之则安之，还有冰瀑和冰下泉水，也不错啊。

然后，我开始爬山，一会儿就热了，想想也许应该穿那件适合运动的羽绒服，身上这件太热，有些臃肿。不过转念一想，我没想周全也很正常，不必追求完美，有点热，有点臃肿有什么呢？想法转变了，也就释然了。

天气不错，风景怡人，静静地享受这自然的恩赐，贪恋这夕阳点染之下的山色，回到大巴发车处，车又刚刚开走，末班车据说还要等40分钟才开。呵呵，顺其自然吧，我到路口看看有无顺风车可以搭，如果没有再回来坐末班车，在这空气清新的山谷里等等也不错呢。看到几辆车开过来，我招招手都没停，不停就不停吧，咱们国家顺风车文化还不浓，理解。后来又来了一辆，我招招手，停下来了，车主友好地让我搭上了车，嘿嘿，多了一种人生经历，比起赶上大巴也不差呢（三种思维）。

坐车奔驰在回家的路上，我感觉神清气爽。因为有了合理的习惯性思维，虽然有诸多不完美、不如意、不顺利，但是我都能做到顺其自然，顺势而为，感觉也是颇为自在的。

顺其自然的心态是一种美妙的感觉，世间本无万事如意，但是学会了顺其自然，就会常常有顺心如意的感觉。

如果我们拥有这些习惯性思维，就容易做到顺其自然了。

面对挫折和失败：坏事变好事；很正常，没什么；没什么大不了的；接纳、顺应事实；顺其自然。

面对纠结：不二法门，差别其实没那么大；不同的结果可能差不多，各有利弊。

面对懊悔：本该如此；不顺利、不完美是应该的；上天本来就不该一直眷顾自己。

面对忧虑：车到山前必有路；兵来将挡，水来土掩；一般没问题，实在有问题，听天由命。

学会不勉强：不过于勉强自己，也不过于勉强别人。

计划受阻：顺势而为，随机应变，随遇而安，既来之则安之，顺其自然。

以下是一位读者的话：

　　我今天也体会到维尼老师所说的"顺其自然"的感觉了。今天去上班，本想任性一下，不坐公交车了，打出租车吧。但路上的出租车没有空的，我就改步行，到前面的公交站点，一边等公交一边打车（顺其自然，顺势而为）。恰好发现了路边树上与众不同的果子，拍了照片，心里美美哒（坏事变好事，不同的选择各有利弊，差别没那么大）。另一班公交车来了，需要倒车才能到单位，那就倒车吧，没有直达车，又何妨呢（没什么大不了的，顺其自然）。如此这般，我心情平静愉悦地到达单位。虽过程与预计变化很大，但欣赏了平时没有看到的风景，拍了满意的照片，还按时到了单位，我的心情仍是平和愉悦的。生活很美，顺其自然真好。

03 │ 以出世的精神
做入世的事业

在世上有诸多烦恼和痛苦，所以人们盼望能够解脱，用禅宗的理论来说就是出世。但是世界又有很多美好幸福之处，人们又想去经历、享受，或者有自己的责任，还做不到看破红尘，放下一切，所以还需要"入世"。看似矛盾的双方如何统一？

传统文化中的一句话已经给出了答案："以出世的精神做入世的事业。"简单来讲，也就是尽人事，由天命；或者像我说过的，努力之后顺其自然。

那么具体如何做呢？

对于要做的事情不回避，不退缩，努力去做，在当下从容自然、合乎规律，不要太勉强自己。不同的结果之间的差别往往没有看起来那么大，或者结果无法改变，所以不妨顺其自然。这样一来，过程是平和的，对结果也可做到超然。在减少了焦虑痛苦的内耗之后，反而更容易把事情做好。

如此，我们照常生活，享受尘世快乐，尽自己的责任；同时从痛苦烦恼中解脱出来，身在闹市，也如同出世。

04 | 现实就是答案，
不和事实较劲

和女儿一起看《樱桃小丸子》。夏季炎热，小丸子觉得酷热难当，烦躁不已，到处找有空调的地方，而憨憨的山田却在阳光下快乐地抓知了，玩得不亦乐乎。小丸子奇怪地问："你不热吗？" 山田说："夏天就是热的，不热就不是夏天了。实在觉得热到树底下凉快一下就可以了。"小丸子若有所悟。

山田随口说出的话是有智慧的。事情就是如此，不接纳就会烦躁不安；接纳了，把它当成理所当然的就安静下来了。很多事情是很正常的，应该如此，顺应即可。

孩子生病了，也许你会纠结：他怎么生病了呢？如果不生病该有多好，如果我注意到那些事情，他可能就不会生病了……生病打乱了多少安排啊！这样一来难免心烦意乱，烦恼多多。

但事实是，孩子已经生病了，虽然适当的反省是需要的，但过多的思虑纠结就没必要了。既然改变不了事实，不妨拥抱事实，顺应事实，事情发生了，兵来将挡、水来土掩就可以了。静下心来，就更有力量去陪伴孩子了，孩子的病也能及时得到治疗。

孩子有题目不会做，你也许会想："你应该会做，你怎么能不会做呢？你怎么能不懂呢？"其实，孩子的确不懂、不会，这就是事实，存在的就是合理的，是有原因的，他其实是"应该"不会，我们需要顺应事实，这样就能平静下来了。之后我们才有力量去考虑如何帮助孩子提高。

家庭矛盾中最常见的是我们认为对方应该如何：应该干家务，应该管孩子，应该戒烟，应该戒酒……如果觉得对方应该如何，而对方事实上不是如此，或者至少还不能马上改，那么烦恼就来了。而如果知道对方可能改不了，或者不能马上改，那么最好先拥抱事实，顺应事实，这样就不会有那么多不满，心静下来，我们的态度和方式也许就容易为对方所接受，至少不那么抗拒，反而更可能慢慢有所改善。

面对一些不顺、不如意，我们可以尝试去改变，但是如果无法改变或者暂时改变不了，不妨学会接纳事实，顺应事实，这样心会静下来，会更理性地处理事情。不肯接纳事实，有时只会徒增烦恼。

一位六年级男孩的妈妈在我这里咨询。孩子常常纠结很多事情，不能放下。比如孩子心情不好，想玩会儿游戏转移一下注意力，但是玩输了又不高兴，还想再玩一次；结果玩了几次还是没赢，妈妈和他一起去姥姥家，孩子情绪不好，说了一些脏话，发泄自己的情绪。妈妈就很不高兴，心想孩子你怎么这样啊，玩输了不高兴为什么非要再玩呢？心情不高兴怎么就说脏话？事实上，孩子现在就是这样的，输了就是不高兴，不高兴了就是要发泄。妈妈和事实较劲是徒劳无益的，还是放下纠结，接纳现实，再慢慢去改变为好。

日本电影《红鳉鱼》中有一段话引人深思：现实就是答案，就算抱怨生不逢时、社会不公，也不会有任何改变。现实就是现实，要理解现状并且分析，在那其中一定会有导致现状的原因，对原因有了充分认识之后再据此付诸行动就好。

黑格尔也有一句名言：存在即合理。这句话不是说存在的就是正确的，而是说存在的就是有原因的、有理由的。

接纳现实，心态平和，再在此基础上去努力改进。

05 | 转念之间，收获幸福、自在

面对不顺利，如果总觉得它是不该发生的，那么你就容易纠结；而如果转念一想，它也是人生的一种经历，你就容易欣然接受了。

外出办事，都已经下楼了，才发现手机没带，那就回去拿吧，耽误时间了？没什么，这也是人生的一种经历，顺其自然。

开车回家，恰好赶上小学放学，路有些堵。为该早些出发而懊悔吗？没必要，预料不到也是正常的。堵就堵吧，这也是人生的一种经历，顺其自然。

女儿在学校打来电话，说她的资料忘记拿了，请我送去。东西多，有时忘记也是正常的。那就送去吧，这也是人生的一种经历，不用过多评判其意义。想修理家里的下水管，没想到还有些麻烦，不大顺利。呵呵，人生的一种经历而已，静下心来，琢磨琢磨，也就搞定了。

早上出去跑步，本来该穿跑步鞋的，结果穿了旅游鞋，不太完美？没关系，差不太多，这也是人生的一种经历。

滴滴打车，车来晚了，一问，原来司机不熟悉路，跑过了，可以理解，就当成人生的一种经历吧，也没有必要去抱怨司机。

每天有很多小事发生，可能是不完美的，可能耽误了时间，可能不如意，可能不顺利……如果过多纠结于不完美之处，那么烦恼就来了。而转念一想，这些不完美也是人生的一种经历，安然接纳，心就静下来了，收获的是自在、幸福。

06 | 面对懊悔
我们该怎么想

懊悔本身也有积极的意义，会让我们对教训留下更深刻的印象，驱动我们去反省。但是过于懊悔就不好了，那会成为负能量，需要进行调节。

我们遇到一些不顺、不完美时，比如比赛输了、钱丢了、东西损坏了……为什么会懊悔？往往是因为觉得"本不该如此""如果那样做，就不会这样了"。

可惜，人生没有如果，"如果"只是后来才能想得到的。存在就是合理的（合理，这里是指有原因），已经发生了就是有原因的，可以说本来就"应该如此"。

比如，我们驾车不小心有些剐蹭，如果你觉得本应该避免，那么就容易懊悔。其实想想这往往是有原因的，比如驾驶技术不精，注意力不集中，有些情况没有经验，所以其实是应该剐蹭的，想法转变了，就会淡定多了。

有一次去张家界游玩，我没注意，被小偷窃取了一笔钱，如果觉得"本该避免"，那我就会懊悔不迭；但转念一想，还是因为没有经验，没有料到这个地方小偷这么多，所以，该丢钱。就算是破财免灾吧，以后注意就可以了。有一次全家去旅游，我精心准备了一些火车上吃的饭和水果，可由于出门太匆忙，居然忘记拿了。当时我有些懊恼，一是感觉旅途吃得不是太满意，二是这些东西放几天就坏了，不应该忘记拿。后来一想，其实这没什么，临时再买无非多花些钱，吃得稍差；东西虽然可惜了，但也没多少损失，忘记就忘记了吧，没什么了不起的。另外，出发时间太紧，所以忘记拿有一定的必然性，所以其实"应该如此"。如此，懊悔烟消云散。

　　一位高二男生在我这里做咨询，他常常因为事情没做好而懊悔。比如考试因为粗心而失分，他就总在纠结这个事情。他的思维模式是：我本应该得到这些分数，不应该失去这些分数。这样想自然懊悔了。事实是：所谓的粗心大部分是有原因的，比如情绪控制问题、时间管理问题、审题习惯问题、能力问题、知识理解是否透彻等。所以，所谓的粗心大部分其实不是粗心，是"应该"错，不是想避免就能避免的。转念一想，自然就不那么懊悔了。当然，考试之后还需要总结分析，吸取教训，成为经验，那么下次"粗心"就会少些。

　　曾经，我从第一季开始追美剧《权力的游戏》，开始觉得很残酷，总觉得好人不应该有这样痛苦悲惨的遭遇，看不下去了。不过后来改变了认知：这些残酷都是命运的安排，残酷也是常态，是应该的，这样能够做到接纳，心情平静了，就能够安然欣赏剧情。其实看待真实的人生也是如此。

　　收藏专家马未都在西藏行走的时候，曾经遇到一些磕长头的人，他说那些人觉得这一路上所遇到的都是人生中必然遇到的，比如疾病和苦难，遇到什么就是什么。而我们遇到疾病和苦难时的第一反应经常是：我们怎么这么倒霉呢？如果我如何如何做就不会这样了。

　　这两种思维模式各有所长。磕长头的人的思维模式会帮助他们坦然接纳生活中的困苦和挫折，淡定平和；但是主动去预防、去改变的能量就会少一些，可能缺乏主观能动性。而我们的思维主观能动性更强一些，看起来更进取一些，这样有助于预防和改变，但是容易焦虑、懊悔和纠结。

　　我认为，这两者可以结合起来：坦然接纳事实，在此基础上再去反省，吸取教训，积累经验，争取有所成长。

07 | 如何减少
不必要的忧虑

忧虑、担忧本身有积极的意义，有未雨绸缪、防患于未然的作用，但是忧虑过多就不好了，会带来不必要的痛苦和烦恼，甚至成为心理障碍。

那么如何减少不必要的忧虑呢？

1. 如果可能出现严重的后果，怎么办

一位来访者经常为各种事情而忧虑，后来学习了卡耐基介绍的消除忧虑的万能公式，结果更加忧虑了，有时会几个月不停地为一个问题而忧虑，甚至有些殚精竭虑。

这个万能公式是：

（1）先毫不害怕地诚恳地分析整个情况，然后找出万一可能发生的最坏情况是什么。

（2）找出可能发生的最坏情况后，让自己在必要的时候能够接受它。

（3）把时间和精力拿来试着改善自己心理上已经接受的那种最坏的情况。

这种方法在某种情况下是有效的。比如有一次我投资的股票下跌了不少，我开始略有忧虑。后来分析了一下，这家公司属于低估值的绩优股，即使下跌，最坏的情况也就是损失几万元，而且放眼未来几年，可能也会上涨，最终保本甚至盈利是有可能的，那么牺牲的只是几年的时间，这样一想就平静

多了。如果最坏的情况也是能够接受的，这种思维模式就是有效的。

如果最坏的后果太严重，就难以消除忧虑。比如有一个人去理发店，理发师用剃须刀修面时，不小心刮破出血了，他想到了最坏的情况：染上艾滋病。这种可能性虽然小，但的确存在，所以他很忧虑，几周内一直在担心。

再如，孩子放学没有按时回来，他想到了最坏的情况：会不会出车祸了？甚至被坏人拐走了？这种可能性是有的，他自然焦虑不已。

那么如何坦然面对严重的结果呢？我有一个习惯性思维："**一般没问题，实在有问题，听天由命**。"出现严重后果的可能性是存在的，我们不否认；但出问题的概率很小，一般没有问题，这也是事实；如果万一出了问题，就听天由命吧。这样就把注意力放到乐观的方面了，对于可能出现的严重后果听天由命，就不那么担忧了。这种方法同样适合于可能出现的后果不严重的情形。

比如担心感染艾滋病，可以说服自己：一般不会因为剃须刀染上艾滋病，可能性很小；实在有问题，听天由命。孩子没有按时回家，也可以告诉自己：一般不会出问题，运气没那么坏，实在有问题，也只能听天由命了。这样就会淡定一些。

我乘飞机有时会有点担心，尤其在空中颠簸的时候。失事的可能确实存在，不过此时我都会告诉自己：一般没问题，实在有问题就听天由命。第一句话对自己是一个安慰，出问题的概率很小；如果实在有问题，那听天由命好了，反正也没什么办法，这样就会坦然得多。

对于我们无法掌控的事情，不妨听天由命，忧虑改变不了什么。有一年暑假，我决定去桂林玩，已经订好了旅行团、机票。看天气预报，我发现那里天天有雨。夏天就是这样，这样的事情也只好听天由命，担心也没有用，到时候也许雨下得没那么多呢。

2. 总是担心可能会遇到的困难，怎么办

人们常说："人无远虑，必有近忧。"这是有道理的，说明我们需要对

未来有所准备和考虑，提前计划和安排。不过，如果忧虑过多，总想把各种可能性都搞清楚，反复考虑之后还是难以释怀，就是自寻烦恼了。

此时不妨告诉自己："车到山前必有路；兵来将挡，水来土掩。"过多地为未来担忧既没有必要，也没有用处，因为未来常常不会像预想中那样运行；即使遇到困难，俗话说"活人不能被尿憋死"，肯定有解决应对的方法。如果实在难以解决，听天由命就可以了。

比如很多父母想得很长远，孩子还小就开始担心将来的就业问题，这时不妨转念一想：车到山前必有路，到时候自然有办法。儿孙自有儿孙福，每个人都有不同的轨迹和道路，不必操心太多。这样就不会那么忧虑了。

我参加驾照科目三考试的时候，看到有的人很焦虑，担心出问题。其实，考虑再多也可能出现意外情况，兵来将挡，水来土掩，遇到新状况再想办法应对就可以了。

有一次我去自由行，开始想到了各种可能出现的困难，有些担心。后来我告诉自己：车到山前必有路，遇到问题，总有应对的方法，到时候再说吧。这样我就放心地憧憬旅途之美好了。

3. 学会淡定

如果放大事情的负面影响，自然容易忧虑，所以，想变得淡定，需要先改变认知。

一位来访者与人交谈时有些紧张，他不敢与人对视，怕被别人看出来他的紧张，以为他有什么心理问题或精神问题。这就是把事情看得过于严重了，不妨用三种思维重新分析一下。第一，坏事变好事。心理为什么会出现问题？其实往往有性格、认知的根源，需要改善，现在表现出来了，也是心理成长的机遇，如果去学习、掌握合理的方法，不但会解决心理问题，也会让自己得到成长，所以坏事会变成好事。第二，很正常，没什么。大多数人在一生中或早或晚都会有心理问题，这很正常，没什么。第三，顺其自然。有问题就有问题吧，先带着它一起生活，慢慢再去想办法解决。

有了合理的认知，变得淡定，就不那么容易忧虑了。

4. 缓解情绪

负面情绪会导致忧虑加剧。在焦虑、悲观甚至抑郁的情绪之下，人会对消极的一面敏感，对积极的一面迟钝，所以，人会不由自主地想到更多负面消极的事情，而且会放大其影响，即使想应用三种思维，效果也不好。

此时，面对忧虑的第一步就是缓解情绪，最好先转移注意力，比如去运动、看电影、看书、聊天，直接调节情绪。情绪好转了，再调整认知，效果就会好得多。

08 | 我们要
努力进取，
也要随遇而安

有一次我带女儿去办护照，在网上给她做了预约，我也想顺便给自己办一下去台湾的签证。她的护照办得很顺利，但当我提出自己的要求时，办事员说我需要预约。我没想到还有这样的规定，看来我还要再来一次了，当时我心中有些遗憾（追求完美的心理）。不过转念一想，办护照的经验不足，所以我就可能会出纰漏，这是很正常的事情，再来一次也没什么大不了的，我还可以顺路办其他的事情，也挺好（三种思维）。认知改变了，遗憾也就消失了。这就是随遇而安吧。

不知从什么时候起，随遇而安成了一个贬义词，如果说一个人随遇而安，那一般是意味着他不够努力、不够进取。深究起来，其实这种看法深受成功学、励志学的影响。不过，随遇而安和努力进取虽然看起来互相矛盾，却可以通过中庸之道统一起来。

我们需要努力进取，但是不要太勉强，如果做不到，不妨随遇而安；我们尽量将计划安排好，但是如果情况变了，随遇而安、顺势而为也不错；大的方向和目标需要坚持和努力，小的事情随遇而安就好了，一个人的时间和精力毕竟都是有限的。

在恰当的时候，适当地随遇而安会帮助我们不怨天尤人，不徒增烦恼，更好地面对现实。有了平和的心态后，我们反而会更有力量去努力，去进取，完成计划和目标。

以下是一位读者的话：

暑假我们两家一起去厦门自由旅行。之前做攻略时还没有台风警报，下飞机后出租车司机告知刚接到通知，三个台风将会影响厦门，鼓浪屿可能停船。开始我心里有些紧张，后来想，台风是老天爷的事情，既来之则安之，随遇而安好了。

因为有风，天气倒是没那么炎热，看来坏事也会变好事。第二天收到提示，受台风影响，鼓浪屿可能暂停开船，这是事实，无法改变，顺应就好了。

第三天，天气很好，我们就去了鼓浪屿。在船上，女儿忽然给我看短信，携程提示预订的旅馆必须中午 12 点前到达，我傻眼了。首次自由行没经验，之前没注意这个要求啊。事已至此，不管了，反正已经预订缴费了，车到山前必有路，上岛后再去交涉吧。

后来到了旅馆，主人说那是网上规定，他家的客人只要不退订，房间会一直保留着。这次旅行看起来有诸多不顺利，但我因为有了合理的习惯性思维，随遇而安，也就觉得幸福自在了。

09 | 舍与得：
放下不必要的
执着

　　暑假，我想带孩子去台湾自由行。研究了半天，我发现有不少麻烦的事，而且暑假可能出现台风、暴雨，不确定性比较大，一时间我的压力有些大。不过转念一想，为什么非要去台湾？为什么非要自由行？实在不太合适，可以不去的，或者另外选择时机跟团去，这没什么了不起的。瞬间我的压力消失，又继续研究起来。

　　我们常常说，要迎难而上，坚持到底，不抛弃、不放弃。是的，如果事情重要，又没有其他的选择，没有退路，确实需要如此。但是如果其他选择也不错，或者可以灵活变通，或事情本身是无所谓的，那么为什么非要迎难而上、坚持到底、不放弃呢？

　　有一句充满智慧的名言：做正确的事情，比正确地做事情更重要。在迎难而上、坚持到底之前，先思考一下坚持下去是否正确，是否确实需要如此。如果没有必要，就可以放轻松一些。

　　我以前在科研机构工作的时候，从事的工作意义不是很大，而且我既不擅长，也不喜欢，竞争也很激烈，即使努力工作可能也只是中等水平。对我来说，坚持下去就是一件不正确的事情，所以我选择了退出。正因为知难而退，我才有了今天的一些成就。

　　适当执着是需要的，但不是什么事情都要执着，放下那些没有必要的执着，轻松面对人生就好了。

10 学会
欣赏别人，
同时安然做自己

那年学车，同学们有时会一起聊聊天。有一位女士，谈吐生动、有趣，一打开话匣子就妙语连珠。相比之下，我就没那么多话题，言语也略显沉闷。如果是我年轻的时候，我可能会羡慕她的风格，为自己不如她健谈而略感惭愧，也可能会学着她的风格去说话。不过，现在我不会这样勉强自己了，我安然地听着，或者保持沉默，或者顺其自然地说几句，这样也挺好。我学会了欣赏别人的长处，安然保持自己的特色。

在青岛的同学每次聚会都是由我来组织，策划对我来说轻松简单。不过，每当聚会正式开始，我就会退居幕后，把主持的事情交给一位朋友，由他来活跃气氛。他擅长此道，我做自己擅长的就可以了。有一位朋友为人热情，处事练达，是一块"当官"的料。那时，他是我学习的榜样，我会去琢磨他的优点，请教他为人处世的秘诀，我从中学习、成长了不少。最终，朋友的仕途顺风顺水，而我选择了更适合自己的领域。我们需要学习他人，但是还是要走适合自己的路。

对年轻人来说，有很多变化和塑造的可能，可以学习别人的优点，不断成长。但是，每个人都是不同的，最好是顺应自己的特点，发挥自己的优势，这样效果会更好。

我已年届不惑，如果能继续从别人那里学习、得到成长当然不错；但是如果难以改变，又无碍大局，那何必去勉强自己呢？安然做自己也不错。

第 十 章

如 何 有 效 改 善 性 格

内 心 的 重 建

每个人在年轻的时候都希望自己能够变得更好，不急躁、更自信、说话有底气，但经常苦于找不到改善的方法。运用认知疗法，转换习惯性思维，就能改善情绪、行为和性格，逐渐地，你就会拥有一个全新的自己。

01 | 改善性格，
从转换认知开始

很多人都渴望改善自己的性格，但是又疑惑：不是说本性难移吗？性格能改变吗？怎么改变？

首先，人生的经历会自然推动性格的改变。我现在四十多岁了，遇到小学、初中、高中的同学，发现很多同学的性格和以前大不相同。经历会对性格产生影响，日积月累，性格也就改变了。

不过，"本性难移"也有一定的道理。如果不掌握方法，性格改变的确可能比较难。就像一扇门锁上了，如果没有钥匙，硬推是难以打开的。而有了钥匙就简单多了。

改变性格的方法就是认知疗法。

所谓性格，从某种角度来看，是指情绪、行为（包括语言）表现出来的稳定特点。回顾一下认知疗法：直接决定情绪和行为的不是事情本身，而是对事情的认知。情绪和行为的背后通常有习惯性思维，会在某些情况下习惯性地出现；另外，习惯性思维背后又有一些共同的核心思维，所以会表现出一致性。所以，情绪和行为会表现出稳定的特点，也就是性格。因此，如果建立起新的习惯性思维，情绪和行为会表现出新的稳定特点，新的性格也就形成了。

比如，一个人为什么说话做事没有底气？这往往是习惯性思维在作怪，比如想得太多，顾虑太多，太在意别人的看法。那么怎么做到有底气呢？我这里有一个秘诀，就是学会"理直气壮"，说服自己，让自己"理"很"直"，这样"气"自然就"壮"了，就不会顾虑、在意那么多了，有底气的性格就逐渐形成了。

改变性格最好顺势而为，顺应自己的特点、本色，不妨在保留原有风格的前提下适度改变。比如，一个太严肃的人，没有必要非要变得很幽默，但是学会一些幽默还是不错的，也不难实现；一个喜欢独处的人没有必要变得"长袖善舞"，但是如果能做到人际交往轻松自如还是不错的。

性格改善的目标是什么？不是为了别人，而是为了自己。适合自己，觉得舒服、自在，对生活工作不构成障碍，不过多影响他人，就可以了。当然，如果能更好地适应社会、工作，就更理想了。

一位初三女生在我这里做咨询。她刚转学，觉得同学们在很多方面与她格格不入，既玩不到一起来，又谈得不太投机，所以独处的时间多。我问她，你觉得这样舒服吗？她说觉得舒服。既然如此，就不妨先按照自己喜欢的方式来生活。当然，她的交往的确存在一些问题，这也让她有些苦恼，毕竟谁都希望有朋友一起玩啊。所以，在接纳自己之后她也是期望有所改变的。我给了她两点建议：一是看到不同，理解别人。别人的行为也许与我们不同，但是也许也是有道理的，是可以理解的。理解别人是人际交往的关键。第二是学会随和、好商量。很多事情其实是小事，没什么大不了的，不必太较真，放下执着，变得随和好商量些，自然容易相处。认知改变了，她和同学的关系慢慢也有了些进步。

02 | 怎样
才能不再那么
脆弱敏感

为什么有的人会敏感脆弱？是神经类型不同吗？是天生的吗？我认为不是这样的，脆弱敏感常常是因为太执着，或者把事情看得太严重。

同样的事情，如果放大了事情的负面影响，自然容易引起内心的波澜，从而体现为敏感；而如果转变认知，如"坏事可以变好事"，或者也许是"很正常，没什么"，自然会淡定。

如果对事情太执着，一定要做到，那么就难以接纳不顺利或挫折，就像一根坚硬的枯树枝，缺乏弹性自然就脆弱、易折；而如果能够顺其自然，就容易承受挫折，有了弹性自然不易折断。这也是柔弱胜刚强的道理。

所以，**是敏感脆弱还是淡定坚强，关键在于思维模式**。学会三种思维，是告别敏感脆弱、变得淡定坚强的秘诀。

一位妈妈说：

儿子今年上幼儿园大班，活泼聪明，不过有时追求完美、较真，比如一个手工做不好，或者玩具拼不好，他就气得哭。平时和孩子玩纸牌，他都是喜欢赢，不喜欢输，输几次后就不高兴了，有时候还会哭。他也受不了批评，老师稍微说他几句他就哭了。我很担心，孩子这么敏感脆弱，将来可怎么办呢？

后来，我经常对孩子渗透三种思维。和孩子一起堆积木，有时我会故意把积木弄倒，然后说：倒就倒了吧，没关系，再来。慢慢地孩子也学会了，当他积木堆不好的时候他也会说类似的话，这样自然就淡定了。和儿子玩牌的时候，在我连续输了几次后，儿子说："妈妈，你又输了。"我说："输了就输了，没什么大不了的，不是吗？下一次我会赢。"听到我这样说，儿子也笑了。这样的话说多了，等到他再输的时候他也会这么说，慢慢他就能平静对待了。经常给他渗透这些观念以后，儿子再遇到类似的事情，就不大急躁了，比如东西找不到了，他会说："过两天它自己就会跑出来了。"不像过去那样，找不到就哭，闹着让我必须替他找到。我也运用维尼老师的方法帮助孩子承受批评。我和爸爸会在家里玩批评的游戏，互相批评，被批评的一方会说："批评就批评吧，不丢人，我改正就可以啦。"慢慢地孩子也就学会了这些话，再批评时他就不那么在意了。

渗透三种思维的方法效果真不错，没过多长时间，孩子就不那么敏感脆弱了。看着孩子开心的笑容，我感觉真是幸福啊。

03 | 改变急脾气，
没有那么难

有一次，我去办护照签证，缴费时恰好系统出了问题，所以我排了很长的队。我后面有一位六七十岁的阿姨，很着急地抱怨着。我爱管闲事，劝了几句。阿姨说其实也没什么事要办，自己从年轻时就是个急脾气，一直也改不了。

很多人都说自己是个急性子，意思是性格如此，不能改变。其实不是这样的。试想，同一件事情，为什么别人不急，自己就很急？其背后的原因是什么？在我看来，主要是认知不同。

如果你觉得事情很严重，自然会很着急；如果觉得没什么，很正常，就不会着急。比如，看到孩子摔了一跤，擦破了皮、出血了，觉得"小宝贝磕倒了可怎么得了"，你自然会心急火燎；如果认为这很正常，没什么了不起的，你自然能淡定应对。

有的人遇到不顺利、不如意时也容易着急。这位阿姨没什么事情，而我还有事情要办，我为什么不着急？这是因为我有了三种思维的帮助。排队，我顺便聊聊天或者琢磨琢磨事情，这样也不错；这是有突发情况才造成了排队，可以理解，所以很正常；排就排吧，无法改变的事情，着急有什么用呢？

我女儿小时候也爱着急，一点事情不如意她就会急得哭。我结合具体事情经常向她渗透：不着急，慢慢来。逐渐，这成了她的口头禅，遇到事情她顺口就会说出来，慢慢地就不急了。此外，我经常向她渗透三种思维，这也很有帮助。记得有一次，女儿和同学玩多米诺骨牌。没找到某个骨牌，她说了一句："找不到就找不到吧（顺其自然）。"摆的骨牌不小心被碰了一下，局部一下子全倒了，她说："没关系，没关系，说明我另外这部分摆得挺好的（很正常，没什么；坏事变好事）。"这样，她自然不大会着急了。

想改变急脾气，就要从改变认知做起。认知合理了，自然能淡定从容。

04 | 人际交往中
如何做到自然

一位高中生给我留言："维尼老师，您好。我性格内向，不善言谈和交际，在人际交往上很自卑，与人沟通会紧张、不自然，尤其不懂得怎么与异性沟通，在某些场合我也紧张，总觉得别人在看自己。我很苦恼，希望您能给我一些指导。"

一位妈妈说："我不善交际，尤其是和不熟悉的人交流的时候，很不自信，同样对一件事情发表看法，别人妙语连珠，我总感觉就是表达不出来，或者就算表达出来也是干巴巴的。怎么才能改进呢？"

相信很多人都有过类似的苦恼。我很理解这种感受，因为年轻时我也曾为此而困惑。那时我不善言辞，不知道怎么和别人说话，有时自己都觉得别扭，很不自然；与女孩在一起时我也常常局促不安，有些窘迫；当众发言也比较紧张，记得二十四五岁时我有一次在宴席上站起来讲话，旁边一位说：你怎么那么紧张啊？

俱往矣，现在这些烦恼都已烟消云散。上千人的讲座，我现在能轻松自如；与人交谈，我能够做到自然而然，说话轻松流畅；电视电台的现场直播，我也能镇定自若。

为什么我能有这样的进步？秘诀就在于合理的认知。

1. 如何让自己放松下来

您有没有这样的体会，紧张有时不是凭意志就能克服的，越想不紧张，可能会越紧张。那么，为什么会紧张呢？背后的习惯性思维是什么？

有一位读者说："我很内向，跟人交往感觉压力好大，总希望能给别人留下好印象。"其实，想给人留下好印象，怕表现不好，恰恰是导致压力大、紧张的一个重要原因。而且，如果总想着留下好印象，可能就会做作，用不熟悉的方式去说话、相处，这样也会导致紧张。执着、勉强自己，就容易带来紧张。

二十多岁时我曾有过类似的困扰，我思索了很久。有一次我看王志文主持的节目，他放松、自然，就像平常一样，但是给人的感觉很好，我若有所悟。再去观察电影、电视剧，我发现一些明星放松、自然的时候显得很有魅力。我明白了：**自然、放松所呈现出来的状态就是不错的。**

一般来说，我们平常和好朋友在一起的时候，因为无须考虑留下什么印象，不必表现自己，所以做熟悉的自己就可以了，此时就是自然、放松的。所以，如果你感到紧张，这时不妨告诉自己：像平常和朋友在一起那样就可以了。这样你就会放松下来，状态反而会好一些。

放松还会帮助我们收放自如。有一次，我看到一个访谈，一位嘉宾说喜剧的秘诀就是放松。后来我体会到确实如此，如果不去想那么多，放松下来，没有了各种羁绊，即使是做各种各样夸张或搞笑的动作，也会自然，何况是人际交往呢？

2. 自然而然地说话

二十多岁时，有一次午饭我和同事们聊天，明明没啥话可说，我还努力找出各种话题来聊，这样勉强找出的话题自然不太合适，同事们没有兴趣回应，我也感觉不自在。之后，上班途中我见了一位同事，没什么话说，我还找了个话题去交谈，因为有些生硬，所以感觉有些尴尬。晚上我反省这些事情，突然领悟：**聊天嘛，自然而然就行了，没有必要非要表现得谈笑风生。**该说的就说，不该说的就不说；有话说就说，没话说可以选择沉默，沉默也不错；有精彩的话就说，没有就顺其自然，不必勉强自己。认知改变了，说话也就自然了，感觉舒服自在；心态放松了，妙语连珠的时候也就多了。

一位妈妈：

我本是个不善言谈交际的人，却总想给别人留下好印象，所以经常刻意迎合别人；有时又担心留下不好的印象，所以会选择逃避，拒绝交往。这样我常常感觉压力很大，是真心的累啊！可这么孤僻怎么办呢？

在维尼老师这里咨询之后，我意识到一些习惯性思维需要改进。转换认知后，我豁然开朗，感觉很受用。

我们小组有三个人，以前总是一起吃午饭。最近有个同事加入了，她是外向健谈型的，来了以后整个场面都好像被她控制住了。如果是从前，我会感觉很不习惯，甚至厌恶她：我不善言谈，如何才能跟上她的节奏，会不会被冷落了？现在想起维尼老师的话：非刻意的、自然而然的、跟平常一样的状态才是最好的状态。不用去迎合谁，顺其自然地表达，想说的时候就说，不想说的时候就微笑着倾听，这样就可以了。神奇的是，我内心的压力一下子就消失了，感到一种从未有过的轻松愉快。放松了，有些话不用刻意去想就自然而然地说出来了，同事们都说我比以前风趣健谈了。

3. 不善言辞怎么办

每个人的特点不同，如果你不擅长说话或交往，那么第一步是先接纳自己，承认自己不擅长交际，做不到谈笑风生，不是社交中的主角。但是社交总是需要配角、需要听众的吧！那就先做一个好的配角、好的听众，微笑着倾听也会受欢迎的。

每个人的风格各不相同。比如我不大幽默，但是话语真诚，这也是一种风格。当幽默的朋友让大家开怀大笑的时候，我也会乐在其中。

不要勉强自己，做自己最擅长的事情，这样放松下来，反而会表现得更好。

甜心儿说：

我赞同维尼老师的观点。我就是个不善言辞的人，但是我不去考虑别人的认可，也不刻意表现自己，所以放松自然。无论在什么场合，我感兴趣、想说时就会说，否则就保持沉默，安静地听别人说。我也受到了朋友们的欢迎，她们都喜欢和我聊天。

∽ 维尼小语 ∽

和人聊天，最重要的是寻找双方都感兴趣的话题。你提出一个话题，如果对方感兴趣，你就会受到鼓励，可能会冒出不少有趣的话来；这样对方可能就愿意打开话匣子，此时你做一个好听众就可以了。

4. 当众讲话

很多人当众讲话会有些紧张，有几个同事，在正式场合一讲话，额头就满是汗珠。为什么会紧张？原因是多方面的，其中之一是放大了事情的影响，觉得这个场合好像很重要（放大的思维模式），一定要表现好（执着），这样自然容易紧张。其实，往往没有那么重大的意义，也没什么了不起的，像平常一样就可以了。

我有一次去山西晋中做家庭教育讲座，组织方很重视，活动隆重盛大，基本是我的独角戏。我告诉自己，其实没什么，就像平常一样说话，按照最熟悉的方式去讲就可以了。如此一来，我做到了淡定从容，做讲座时一点也不紧张。

一位班主任老师开家长会时有些紧张，甚至不大敢开会了。我建议她像平常和学生一样说话就可以了，这样就会放松一些，再准备好讲话提纲，心里就会更有底。按照我的建议去做后，她放松自如多了，与家长们沟通得不错。

如果不熟悉情况也容易紧张。有一次，我在一个新的平台讲微课，由于对操作不太熟悉，需要注意好多事项，我就有些手忙脚乱，感觉有些紧张。所以，如果提前做好演练，心中有数就会好得多。

5. 别人的注视

你有没有在公共场合感到不自在的经历？比如，总觉得别人在看自己，担心别人会笑话自己。不过，这往往是自己的臆想而已。其实，一般没有多少人会一直关注你的，可能只是看几眼，一般不会太在意。即使有人在关注你，你也只需要像平常一样就行了，没什么了不起的。如果真的有人笑话，不妨"理直气壮"地应对：管他呢，笑话你又怎么样呢？这样你就容易淡定自在了。

6. 与领导、异性、陌生人如何相处

一位女生说："我害怕和人交往，每当男生从我面前走过，我都面无表情，装作没看见。我并非讨厌对方，而是不知道如何去面对，不知道如何说和做。"

其实和异性交往，并没什么特别之处，就像和熟悉的朋友那样相处就可以了，自然而然。

我有一个同学擅长人际交往，和领导们关系都不错。我向他请教，他说："领导其实不难相处，只需要把他们当朋友，不需要毕恭毕敬，不需要战战兢兢，在适当尊敬的前提下，像朋友一样相处就好了。"我学着这么去做，效果不错。一位老师对见领导很抗拒，连去找领导签字也不大敢。我建议她改变自己的认知：只需要把领导当成朋友就行了，不要总想着怎么去尊重，领导也不见得喜欢你太恭敬，像平常那样就可以了。这样一来，她感觉好多了，之后找领导办事就自然了。

其实和任何人相处都是如此，即使是第一次相见的陌生人，也可以拿出和朋友相处的态度，放松自如，自然而然，这样就不难拉近距离了。

一位女士因为交往障碍在我这里咨询，她说："维尼老师的理念很实用，

现在我想明白了。不管是什么样的人，在尊重的前提下，我只需要把他当朋友就行了，平常和好朋友怎么交往，就和他怎么交往，这样就可以了。从此我感觉轻松多了，慢慢发现交往不是什么难事。"

05 | 建立
做事果断的
思维模式

你曾因为犹豫不决而烦恼过吗？我年轻时常常犹豫，一件不大的事情我会翻来覆去地考虑，很难做决定。改变了认知之后，我才逐渐解决了这一困扰。

1. 犹豫和果断各有优劣

犹豫不决的性格看似不好，但也有积极的因素：毕竟我们在试图做更完美的决定，或者说避免做出错误的决定。犹豫的人常常有追求完美的倾向，总想做出最佳的决定，或担心决定有问题，所以会反复考虑，表现为选择性困难，但这有助于做出更好的决定。不过，如果害怕做出决定，或者连小事也要反复考虑，这就会成为障碍，需要寻求改变了。

果断为很多人所推崇，但是也有负面影响。如果考虑不周或者不了解情况就马上做出决定，就是鲁莽了。有一位朋友以前投资很果断，很快就做出决定，顺风顺水的时候都很成功，后来经济形势不好了，他没有深入调查研究就决定建一个工厂，结果效益很差，以前赚的全都亏掉了。可见，重要的事情还是需要谨慎，俗话说，小心驶得万年船。

所以，我们需要寻求中庸之道：在重要的事情上，如果时间充裕就可以慢慢考虑，深思熟虑最好；如果事情不重要，就可以果断一些。

2. 果断，在深思熟虑之后

毛主席说过："没有调查研究就没有发言权。"对于重要的事情，需要深入调查研究、深思熟虑，如果时间充足，就不用急于做出决定。

2011 年我考虑从部队转业，提前半年去了解情况，深思熟虑。到了转业的时间节点，领导征求我的意见，一分钟之内我就做出了决定。

如果我们对一个领域不熟悉，情况不了解，那么贸然做决定，出错的可能性还是比较大的。所以，如果事情重要，我们就需要多花点时间来调查研究。随着经验增长，情况熟悉，我们就可以果断一些了。

3. 有助于果断的思维模式

（1）两个选择差不多，任选其一就可以了

为什么会选择性困难呢？这往往是因为面临的两个选择其实差不多，如果差别很大，人们就不会这么犹豫了。所以，如果事情不大重要，就不需要反复考虑、寻求最佳了，按照直觉选择一个就可以了。举棋不定的时候，我经常使用这种思维模式，效果不错。

（2）抓住主要矛盾，细节可以忽略

如果事无巨细都要一一考虑，在每个方面都纠结过多，就容易犹豫不决。对于不大重要的事情，考虑主要矛盾就可以了，细节可以忽略。

（3）做能做的事情，其他的顺其自然

不敢做决定，有时是因为害怕决定错误或者结果不理想。其实即使考虑得再周全、调查研究再到位，也不能保证结果是理想的，所谓人算不如天算。不妨告诉自己：我已经充分考虑了，就这样决定吧，结果如何听天由命。

（4）最坏的情况是什么

当害怕决定失误的时候，我们可以考虑最坏的情况是什么，是否可以承受。如果没什么大不了的，就不妨果断一些。

（5）车到山前必有路

虽然重要的事情需要深思熟虑，但是总有想不到的事情，总有难以判断的情况，所以想得太多也没有用处。主要问题考虑清楚了，就可以做决定了。所谓"车到山前必有路"，出了问题，"兵来将挡，水来土掩"，到时候再灵活应对就可以了。

06 | 如何做到
说话办事
有底气

我年轻时说话做事底气不足，比较在意别人的看法，甚至穿了件新衣服都会在意别人的眼光，这种感觉不太好。所以我就开始琢磨怎么才能做到有底气。**"理直气壮"这个成语给了我启发，理"直"了，气就"壮"了。**如果觉得自己所说、所做的理由不充分，自然就会没底气；如果学会说服自己，改变认知，认为自己有权利、有充分的理由这样说、这样做，理"直"了，那么气自然就"壮"了，也就有底气了。

认知变，性格变。

有一天，阳光明媚，我在青岛大学赏花，路两边樱花盛开，我独自坐在路边的石阶上看着花瓣随风飘落。正值下课，学生们络绎不绝，有人会看看我这个略显特别的人。我心里平和自在：学生们走自己的路，我赏自己的花，谁也管不着谁……有这样的认知，自然不在意别人的眼光，我继续安然享受这美景。

我比较怕冷，天冷时会穿得比较多，一般都会戴帽子。有时别人会调侃我，我心里想："冷暖自知，我就是这样的体质，穿得少了受风寒容易头痛。别人爱怎么看就怎么看，管他呢！"所以，一笑而过，不去解释什么。

我参加过一次大型讲座，前面出场的嘉宾演讲时慷慨激昂，很有气势。而我讲话没有那样的气势，会不会有些心虚呢？不会的！我想，我的言语虽然朴实平常，但风格自然真诚也别具特色，而且内容是有价值的。所以，按照自己喜欢的方式讲就好了。如此一来，我娓娓道来，观众们听得聚精会神。

在单位时，我曾经给高级领导汇报工作，我没有怯场，因为我告诉自己："怕什么呢？没什么了不起的，在这方面我最了解情况，像平常一样说就好了。"所以，我淡定从容，表现得不错。

很多妈妈对跟老师沟通有些胆怯。我曾经因为老师体罚女儿去和老师直接沟通，我想："老师的做法有问题，自然需要进行沟通。老师其实也怕家长投诉，只要我沟通的方式方法得当，就不会有什么负面效果。"最后，果然我和老师沟通的效果不错。

我看到一位妈妈的微博："上班的公交车上，我刚起身把一个座位让给一个阿姨，我身边的一个大姐就抢先坐下了。我质疑地看着她，她却满脸不爽。请起来，没说的。我这人没什么优点，就是喜欢给老人和抱小孩的让个座。怎么了！我错了吗？"

这位妈妈之所以这么有底气，就是因为她的理很直！

那么如何成为说话做事有底气的人呢？每当感觉底气不足的时候，就说服自己，让自己的"理"直起来，慢慢地，我们就形成了有底气的习惯性思维，也就形成了有底气的性格。

这个方法同样适合孩子，孩子学会了理直气壮，就不会懦弱。

我女儿小时候有两个好朋友 A 和 B，A 和 B 之间有段时间发生了点小矛盾，A 和我女儿说："你不要和 B 玩，否则我就不和你玩。"我女儿很为难，两个朋友她都喜欢啊，问我怎么办。

我告诉她："你自己想和谁玩就和谁玩，别人是管不着的。"如果 A 因此不跟你玩了，也没关系，你还有其他好朋友可以一起玩。何况过几天 A 就会忘了这事，又找你玩了。怕什么呢？你有权利这样做。

女儿觉得我说得有道理，所以就理直气壮地继续和 B 玩。我经常向她渗透这种思维模式，所以她逐渐成为一个内心有底气、有主见的孩子，同时，她给人的感觉还是随和可爱的。

我敢于坚持和表达自己了

以前，我是一个大家公认的听话、懂事的女孩，性格温和，在家听父母的话，在单位听从领导安排，从来不反抗，从来不争辩。其实，我很多时候并不情愿，但为了得到父母、领导的认可，我一直压抑着自己不敢表现出来。后来，我在维尼老师这里做咨询，主要想解决缺乏自信心的问题。维尼老师说："要想增强自信心，则需先从有底气、理直气壮做起，不管是面对父母，还是单位领导，我们都可以理直气壮地表达自己的想法。"这个方法很新鲜，我以前从没想到过，这给了我很大的启发。

我是在酒店做会计的，国庆节后上班的第一天，我一天都在看国庆节七天的账，下班回来特别累，在厨房和妈妈闲聊，讲了白天在酒店做账的事情。我爸爸一下子冲了过来，很严厉地对我讲："你把这么多天的账全放在今天来做是错的，国庆放假你就应该去加班，你太不会安排工作了！"以前，遇到这种情况我都是一声不吭，这次不一样了，我理直气壮地跟爸爸说："我肯定不会国庆节过去加班，今天赶一赶也能把事情做完，不耽误任何事情。"我爸爸当时愣住了，后来又狠狠地批评了我一通。我还是理直气壮地说："我现在需要的是爸爸的安慰。"接着，我又大声说出了我心中一直想说的话："我希望爸爸说，女儿辛苦啦，回家就好好放松一下。"说完以后，我感觉特别好，心里的怨气一下子就没有了，感觉自己有力量了！不压抑自己，理直气壮真好！

还有一次，领导安排我和一位同事共同完成一项工作，任务繁重。领导只是让我们协商分配工作，能完成就行。以前我和这位同事合作，曾经多次发生问题，我自然有些不情愿。以前，我可能会不得不服从，但现在我敢于表达自己的想法了，我和领导说，必须由领导明确哪个部分由我做，哪个部分同事做。领导开始不肯说明，我就一直跟她讲：如果领导不明确，就扯不清楚，同事以前也有很多次让我帮忙，最后搞得两个人都要留下来加班，这次一定要明确分工，每个人只负责自己这一块。看到我一直坚持，最终领导让步，做了明确分工。这又让我体会到了理直气壮的好处。其他同事都很惊讶，说我变聪明了，敢于争取属于自己的一些东西。我真切地体会到，说出自己的真实想法并没有想象中的那么难。

07 | 理直气壮的
尺度

理直气壮需要秉持中庸之道，把握好尺度。

"理直气壮"不要变成"刚愎自用"。我们要有底气，是说不要太在意别人的评价，不要过多怀疑自己；同时，我们也需要听取别人的意见，对自己的言行也要保持适当自省。

是否要理直气壮也因人而异。如果以前太压抑自己，不敢表达自己真实的想法，不敢去争取属于自己的东西，那么，理直气壮就更适合，学会理直气壮对一个人来说也是一种成长。而对说话本来就大胆、直白的人来说，则可能需要委婉一些，学会"不争"可能更好。

对同一个人而言，也要具体情况具体分析。

一位妈妈：维尼老师，我最近用您理直气壮的方法，经常对自己做心理暗示，遇到家庭矛盾的时候，我会提醒自己："我有权按照自己的想法去做，坚定一些，坚定一些！"这样一来，在很多事情上我的思想不再那么容易动摇了。前几天，孩子的爷爷在客厅看电视（声音较大），我希望儿子在卧室安静地阅读，就把卧室门关上了。之前，我是不敢关的，担心老人来敲门，说我故意隔离他们（这样的行为在我们家算是媳妇不尊重老人）。前几天我关门后，孩子爷爷果然推门进来了，我"理直气壮"地说了一句"孩子需要安静地阅读，阅读习惯非常重要"。爷爷也没有说什么，继续看电视去了。

　　但我好像对孩子又用力过度了。看完您的《顺应心理，孩子更合作》之后，我学会了考虑孩子的感受，避免让自己的不良情绪和态度影响到孩子，所以对孩子说话我还是很注意的。这周我对孩子说话特别直，什么事情都脱口而出，我担心，有些话会伤害到孩子。理直气壮做自己该做的事情，敢于坚持自己的意见，思想上才会更自由，可是怎么把握好度呢？

　　维尼：理直气壮也需要因事而异。您以前在老人面前太弱势，现在就需要学会理直气壮，敢于坚持自己的想法。而孩子本身就弱势，父母在控制孩子方面也容易做得过头，所以就需要少些理直气壮，多些谦虚和自我反省。在孩子面前不必小心翼翼，但也要考虑孩子的感受。其中的尺度，需要自己去体会。

08 建立自信，需要系统的方法

　　一位男生说："自卑给我带来太多的烦恼。因为自卑，我特别希望得到别人的关注与肯定，哪怕有时候是哗众取宠；因为自卑，我有时用自傲来自我掩饰，活得很累；因为自卑，我不敢靠近我有好感的女生，哪怕她已经伸出橄榄枝；遇到美好的事物，我会想自己怎么配得上；遇到好机会，我会觉得自己不行……"

　　自卑，通俗地说，就是觉得自己"不行"，对自己负面评价比较多，这样的人往往会否定自己，过多地在意别人的评价。自信，简单来讲，就是对自己有信心，肯定自己，"觉得"自己不错。不过，不自卑不等于自信，不自信也不等于自卑，还有中间状态，一个人可能既不自信也不自卑。

　　自信或自卑都是对自己的一种感觉，这种感觉当然与真实的自我有关，所以不断提升自己、让自己成长，有益于克服自卑、获得自信。不过，我们可以观察一下周围的人：一些看起来平凡的人自信满满，而一些看起来优秀的人却自卑。这是为什么呢？回顾一下认知疗法，"直接"决定自己感觉的不是"自我"本身，而是对"自我"的看法和认知！所以，有的人虽然优秀，但是对自己的认知不合理，这样就会自卑；如果能够改变对自己的不合理认知，那么即使自身变化不大，只是改变了对自己的感觉，也能克服自卑，获得自信。

　　一位来访者从乡镇被调到县里工作，她不敢到单位餐厅吃饭，怕别人议论、看不起她。我和她讨论了此事，其实，一般来说，虽然可能会有少数人议论她，有人可能看不起她，但大多数人还是善良的，不会看不起她。另外，她以前认为自己来自乡镇，所以同事会用有色眼镜看她，但这时不妨转念一想："我来自乡镇，但是干得和同事一样出色甚至更出色，这不正说明我优秀吗？"认知改变了，她的感觉就好多了。

克服自卑，获得自信，需要系统的方法。

1. 建立新的自我形象

人在成长的过程中，不知不觉就形成了对自己的认知，形成了自我形象，想当然地觉得自己就是那样的。因为这些认知已经成为习惯性思维，自己甚至意识不到，所以自然不会去怀疑其真实性。比如一位来访者说她常常觉得自己是垃圾，但仔细了解了她各方面的情况之后，我发现她其实还是不错的。但自我形象形成之后，这些习惯性思维多年来一直在影响着她。

所以，克服自卑的第一步很简单，就是花点时间来重新看待自己，实事求是地分析自己的优缺点，建立新的自我形象。我们可以和自己诚实地对话，也可以找家人、朋友帮忙，详细地把自己的优点和缺点都列出来，仔细推敲、分析。

下面是一位因自卑而来咨询的来访者完成的优缺点分析作业。

当全部列出来之后，她发现原来自己竟然有那么多的优点，以前竟然没有注意到。看到这些优点，她自然知道自己还不错了，更谈不上是垃圾和失败者了。再经过反复推敲，如果确信这是自己的优点，那么她就有了不自卑或者自信的资本了。

优点	缺点
1. 节约	1. 工作中经常考虑问题不全面、不细致
2. 比较坚持	2. 拖延症
3. 善良、随和	3. 每年报职称，每年都没有复习完，考不过（10 年）

续表

优点	缺点
4. 比较听得进别人的劝告，愿意自我改变	4. 分不清事情轻重，喜爱看电视剧
	5. 没有主见
5. 好学、爱看书	6. 胆小，不太敢自己去外地
6. 乐观	7. 不知道自己喜欢什么，总是穿休闲款的衣服
7. 经济独立	8. 对自己估计不足，会定过高的目标
8. 乐于助人	9. 不擅长与人沟通
9. 谦虚	10. 教育孩子也存在问题，放大问题，有焦虑感
10. 很守时	11. 觉得自己能力差，当年高考失败，一直记在心里
11. 内向	12. 不敢表达自己的真实想法，老是附和别人

对于缺点，也需要重新分析，它们通常可以分为几类。

第一类缺点其实是特点。比如这位来访者认为她会对自己估计不足、会定过高的目标，这可以算是特点，我们可以定很高的目标并为之努力，只要对结果顺其自然问题也不大。她喜欢看电视剧，这也是一种特点，只要觉得愉悦，是高雅还是通俗，都不必计较。另外，性格内向不见得就是缺点，如果自己觉得舒服，那也无所谓。

第二类缺点有一些负面影响，但其实很正常。比如由于手机、电脑的诱惑，大部分人或多或少都有拖延症，这也是正常的；再如教育孩子存在问题，其实绝大部分家长都存在问题，或多或少而已。只要不过分，就不必过于自责，学会接纳自己即可。

第三类缺点可能影响了生活和工作，构成了障碍，但如果掌握了方法是可以改善的。比如育儿问题、拖延症都是可以改善的；没有主见、不善沟通、不敢表达自己真实的想法、觉得自己能力差都可以改进。再如，穿着打扮、工作能力都是可以有进步的。先接纳自己，承认自己有这样的缺点，再想办法慢慢改变。

还有一类缺点难以改变，那就老实承认、接纳。比如有的人个子矮，五官不够端正，这就难以改变。或者人到中年，能力、性格、说话做事改变的难度会大一些。我们不妨安然地接纳，就像接受夏天的炎热和冬天的寒冷一样，承认自己在某些方面可能不如别人，这"很正常，没什么"。

重新分析之后，她发现自己原来并没有那么多不足，也没有想象中的那么严重，有些还是可以改进的，这样自卑自然就减少了；另外，由于敢于面对和承认，她的心里有了预期，再想起这些缺点时她就不会感到刺痛，能够坦然面对，也会减少自卑。

一位自卑的女生在咨询后告诉我："以前看到身边长得漂亮、身材好的朋友时，我心里会有点不太舒服，我现在会告诉自己，她们的确看起来比我漂亮，身材也不错，但是，我也不差啊，肉肉的脸蛋，五官端正，身材也还算可以，我也有自己的特点。"重新看待自己，大胆地承认和面对自己的缺点或者说特点，心里就坦然多了。

自我形象涉及各个方面，需综合判断。比如品德、学业、人际交往能力、工作能力、外貌、说话办事……这样会对自己有一个更客观的评判，可以避免眼睛只盯着自己最在意的方面。

一位男大学生很自卑，常常觉得自己很垃圾，什么也不是。我和他一一探讨了各个方面的情况：学习成绩中等，努力一下会到中等偏上；外貌体格还可以，中等偏上；为人善良……怎么能说自己是垃圾呢？他恍然大悟，感觉确实如此。接着，我让他详细地列出了自己的优缺点，原来他的优点还不少，缺点大部分也是可以改进的。经过这样的分析，他不再认为自己是垃圾了。以前为什么会有这样的想法呢？可能是因为他太争强好胜、追求完美，处处都有很高的目标、想争第一。所以，即使他做得不差，与目标相比，他也会觉得自己很垃圾。这些想法成为习惯性思维后，会自动出现，他甚至没有意识到其存在，自然不会去分辨其是否合理了，所以他才会一直受其影响。

一位来访者总觉得自己幼稚，说自己的心理年龄只有五岁。但是在交流中我并没有发现他幼稚，相反，对于心理问题的认识，他还比一般人更成熟。为什么他会这样认为呢？这是因为他的主要精力都放在读书上，他会关注自己的心理成长，其他的方面他不大感兴趣，所以在不少方面他懂得不多，看法简单，这其实是很正常的。也许在这些方面他的"看法"不成熟，但是他给自己这个"人"贴上了幼稚的标签。

不知不觉中，每个人都形成了自我形象，它难免有不合理之处，比如不客观或者负面、消极，对性格、心理会产生不良影响。通过深入细致的分析，如果能够建立客观、积极的自我形象，那么对于一个人克服自卑、建立自信会很有帮助。

一个人就在那里，但是对自己的认知是可以改变的；认知变了，感觉也就变了。

2. 如何不过于在意别人的评价

自卑的一个特点就是过于在意别人的评价和眼光，容易受到他人的影响。

两位女职员没有完成工作任务，被老板劈头盖脸骂了一通，说什么不求上进啊、废物啊、这个样子活该不成功之类的，话很难听。一位女生心里不住地在怨恨自己："我为什么这么没用？为什么当初不更努力一些？我真是个废物啊！我对不起公司！"走出办公室，她对同事随口说："以后一起加油呀！"不想那位同事很不屑地说了句："他（老板）就是个傻×。"看起来同事对于此事毫无负担，更不要说羞愧了。她也想像同事那样云淡风轻，但是怎么才能做到呢？

不妨运用"理直气壮"的方法，说服自己，让自己"理"直了，"气"也就壮了，就不会过多在意别人的评价，保持淡定平和。

比如可以告诉自己："没错，工作是没做好，那我以后努力改进就可以了。你凭什么这样羞辱我？！你没有权利！"话虽然不必说出来，但如此一想，自然坦然多了。

我在单位时是一个工作积极主动的人，思想解放，不太喜欢按照工作程序办事。有一次出差，为了推动工作，我主动联系了另外一个部门的领导（可能不符合工作程序），取得了不错的效果。但是我们部门主管知道之后，打电话来严厉地批评我没有按照程序办事。我适当做了解释，虽然没有直接反驳他，但是心里没有一丝惭愧和惶恐。因为我理直气壮："我是为了推动工作，他不应该这样批评我，我并没有多少错！他愿意说什么就说什么，就当耳旁风好了。"

当然，这里也需要秉持中庸之道。对经常自我否定、过分在意别人评价的人来说，要学会理直气壮，有了底气之后就不会自卑，过多自责；而对自负的人来说正好相反，需要学会听进去别人的批评和意见，担负起自己应有的责任。

有时别人随口说的一句话，就可能让我们很在意。一位女生说："有个朋友说我脸大，长得有些奇怪，我就因此觉得自己长得丑，找瘦脸的方法找了许久，最后也没有瘦下来……'脸大'这个词在我的脑子里待了3年。"她其实容貌还算不错，我建议她理直气壮地说服自己："我就是脸大，有什么了不起的？为什么一定要跟别人有一样的脸型？再说我长得也不难看。"学会了理直气壮，慢慢就会不在意了。

一位曾经自卑的女士说："我刚刚完成一项工作，领导又安排了一项更艰巨的任务，不但要细心，还要有耐心，仅靠我们组两个人的力量根本无法在规定的时间内完成，要是以前我肯定会加班加点，周末不陪孩子也要按时完成。现在我学会了维尼老师说的理直气壮，我想，凭啥这么重的工作任务只有我们两个人做，时间紧，我自己的身体又不太好，颈椎问题已经导致我的手脚发麻了，如果再整天盯着电脑，身体和家庭怎么办？我想了一天，跟领导说我不可能在规定的时间内完成，工作量太大。领导听取了我的意见，安排全科室人员一起来做。现在每当我退缩的时候，我就问自己为啥不能理直气壮，这样一来我的感觉就好多了，慢慢地，我敢于和别人沟通，敢于拒绝不合理的要求了。我以前很自卑，即使受了委屈也憋着，只知道埋头苦干，回到家我累得连话都不想说；现在我觉得该表达还是要表达，不然自己扛着没有人会替你说。"

一位妈妈总怕婆婆评价她的教育方式，对婆婆的插手犯怵。后来她学会了理直气壮："这是我的孩子，我有权利和责任按照我的方式来教育孩子，我学习家庭教育这么多年，教育方式没有太大问题，婆婆的意见可以听，但具体如何只能我决定！"从此，她的感觉好多了。

3. 学会合理地比较

自卑有时来自不合理地比较。

一位同事是我的老乡，来自农村，他妈妈有一次来单位，我和她聊天，她说："在我们农村人眼里，你们各方面够好了，不知道我儿子为什么经常唉声叹气，看起来不开心。"这就是因为比较的对象不同，我的同事不会和农村人比，他会与同事相比，与自己的要求比，这样他自然可能不开心。

如果对于自己有过高的要求，还很执着，那么自然可能会常常达不到要求，所以，即使在别人眼里是优秀的，你也会感到自卑。有一位初一女孩，对自己要求太高。比如，她长得比较漂亮可爱，但是她非要在各方面都与所谓的标准美女相比，所以自然觉得自己不漂亮了。比如，她是可爱的圆脸而不是流行的锥子脸，这就让她苦恼；个头适中，她却认为不够高挑；单眼皮，她就总想着为什么不是双眼皮呢？另外，她的绘画其实挺好的，她却总与网上的那些优秀的作品来比，所以，她总觉得自己画得不好。有时人需要放过自己，放下不切实际的要求；或者不要太执着，努力之后，可以顺其自然。

有时自卑来自过多地和别人比较，尤其是拿自己的缺点和别人的优点比。

我刚上大学时就经常这样，看到别人在某方面比自己好，心里就难受，觉得自己失败。记得有一次体育课，跨栏没有一位同学快，我的内心就有些刺痛。后来我想明白了，一个人不可能什么都能做好，有的我做得好，有的别人做得好，这很正常。安然接受自己的好与不好，努力有所进步就可以了。认知转变了，感觉就好多了。

当然，与他人的比较有时也是难免的，不妨如实地看到自己的优点，诚实地承认自己的缺点。有一位朋友渴望变得优秀，每当看到一位同事工作做得出色，她就很焦虑。我建议她实事求是地分析一下自己和同事都各有什么长处。比如她的优势在于考虑别人的感受，善于处理人际关系，工作认真；而同事有闯劲，有创新精神，点子多。学会了接纳和面对，她就不那么焦虑了。

4. 合理的思维模式

（1）学会合理归因

成功与失败，不仅仅取决于个人的能力，还取决于运气、客观条件等。所以，成功了，不必扬扬自得，以为全是自己的功劳；失败了，也没必要把过错全归于自己。

比如，开展新业务遭遇失败，这其实是正常的，因为缺乏经验，自然容易犯错，及时反省、重整旗鼓就可以了；工作太难，尽力之后还是无法完成，那么也可以坦然对待，客观存在的困难有时的确难以克服；能力有限，那么不妨老实承认，能力提高需要一个过程，尽力了就好。

（2）很正常，没什么

面对失败和挫折，如果放大其意义，进而否定自己，自然容易导致自卑。其实这些可能是很正常、没什么的。

一位妈妈说："老公高中时英语很差，高考英语不及格，他只是觉得自己就不是学英语的料。而我的数学高考不及格，为此我给自己下了好多论断：弱智，被别人看不起，对不起我父母，对不起几千元的数学补习费。所以，我感觉很自卑。"

这位妈妈放大了不及格的意义，用不擅长的事否定自己，这种思维模式自然会导致自卑；而老公只关注事情本身，承认自己在某些方面能力不足，所以，失败的影响就不大。

一位来访者每当一个事情没做好，就会想到自己怎么这样没用，这么一点小事都做不好，是不是其他的事情更做不好了……如此想问题，自然容易紧张焦虑，内心的自卑感无法消除。其实一个小事情没做好，也很正常、没什么，不需要由此联想那么多。

一位女士对自己要求很高，与人聊天，如果别人在某方面很有见解，而自己不懂，她就会感到自卑。其实，每个人都有擅长与不擅长的方面，自己没有研究过或者不感兴趣，自然不懂，这很正常，没什么。

一位读者问："自信是相信自己是优秀的，是最棒的吗？"实际上，优秀的只是少数，最棒的只有几个，不符合事实的自信底气不足，经不起考验。

每个人都有优点，都有相对做得好的地方，这些优点虽然谈不上最棒，但可能还是不错的。对大多数人来说，要找总是可以找到的。这样，自信的基础就比较可靠。

自信还可以来自未来会有所进步的信心。即使一个人目前有些缺点，优点不算突出，但是经过努力人还是会有所成长，越来越好。一般来说，这是有希望做到的。

另外，信心也来自成功或进步的体验。努力去做好，有所成就和进步，对于自信心的增强也会有实质性的帮助。

我二十多岁时虽然不自卑，但也还不太自信，所以有一次我花了几个小时去分析自己的优点，相信这些确实是自己的长处；对于缺点也老老实实承认，不过相信某些缺点是可以通过努力逐步改进的。这样做了几次自我剖析、说服之后，因为对自己的长处有了坚定的认识，对于缺点也能坦然接受，相信自己会越来越好，事实上也不断在取得进步，就这样，我慢慢建立起了自信。

一位初二女生找到了我，她因为很不自信而苦恼。

女生：我是一名初二学生，在郊区上学。虽然学习是前五名，家庭条件还好，可是与在市区求学的同学们一比就感到很不自信。他们见识广，看事情的角度、研究问题的深度比我好，还有许多特长……

维尼：我建议你先把自己的优点和缺点都实事求是地列一下。

女生：我找不到自己的优点，浑身都是缺点，无论指出者说得有多刻薄我都相信，都能接受。这让我都觉得自己讨厌。

维尼：真的吗？学习好就是一个难得的优点啊，相信很多同学都会羡慕你。

女生：这个我就不知道了。

维尼：学习好，你觉得是因为什么呢？用功，还是悟性好？

女生：死读书。

维尼：只凭死读书是难以取得前五名的成绩的。其实是因为你的悟性、思维、基础、努力程度还不错，你才能达到这个高度。

女生：可是我的思维的确不好，数学排名倒数是常有的事。

维尼：那只是说数学方面有问题，哪些课程很好呢？

女生：英语。

维尼：其实你这个人就像这些课程一样，总体来说，有的方面擅长，有的方面暂时不擅长。就像课程一样，不能因为你数学有时倒数，就觉得自己不行，其实你还是前五名。

女生：对啊，虽然我有的方面差，可我还是前五名……

（维尼评论：一个前五名的孩子居然找不到优点，看到的都是缺点。在成长的过程中，一个人想当然地形成负面的自我形象之后，这些负面的自我评价就会逐渐成为习惯性思维，自动出现，让人不会去怀疑其真实性。）

……

维尼：从你的分析来看，目前你的确有一些缺点，比如人际关系处理不好、没有特长、思维不够深刻。对于这些，你可以承认，但是它们是可以逐渐改善的。比如特长是可以培养的，我高中时没什么特长，大学之后经过努力也有了不少特长。思维、人际关系也都是可以改进的。

女生：有道理。不过，一个没有那些特长的人能在社会立足吗？

（维尼评论：夸大了没有特长的负面影响。）

维尼：事实是这样的，音乐、舞蹈、体育这些特长，也许上大学时会让人比较风光，但进入单位后，业务工作是主要的，特长不那么重要。

女生：哦，我明白了，谢谢老师。

维尼：那接着找找你的优点吧。除了学习好，还有什么？人善良吗？

女生：还可以啦。

维尼：这也是优点啊。有时我们需要找对比较的人。比如，你说自己思维、见识、特长比市区同学差，那么与班上同学相比，可能并不差，是不是？

女生：是这样啊！没错，和班上同学差不多。就像我虽然觉得自己人际关系不太好，但和表姐相比，她虽然成绩优异，看起来成功，但在我看来，在为人处世方面我比她会好一点，最起码我说话前会偶尔考虑别人的感受。

维尼：是啊，你才十四岁，这方面已经比她好了。有些缺点不要紧，时间还长，我们可以努力完善自己。

女生：嗯，谢谢老师。

维尼：初二的孩子可以和我聊这些，也算是有思想的人了。我觉得你的上进心是不错的，这也是优点啊。你现在可以总结一下自己的优缺点。

女生：缺点有不自信、虚荣、悲观主义、依赖、情绪波动大、性格古怪、轻微神经质、在熟人面前较自恋。

维尼：在熟人面前较自恋，我也是这样。这很正常。

女生：优点有对挚友真诚、有点善良、较诚实、略懂人情世故、有上进心、能够要求自己。我觉得自己年龄还算有点小，就能够了解一些人情世故，能够听出"话中有话"，这已经不错了。略有点善良这个优点也不错，嘿嘿。

维尼：有进步！要想变得自信，需要多做这样的分析——肯定自己的优点，客观分析弱点，老老实实承认，知道自己可以进步。这样逐渐有一个良好的自我形象，会好一些。你现在感觉如何？

女生：豁然开朗！谢谢老师的帮助。

一周之后。

维尼：上次谈了之后，现在感觉如何？

女生：我按照您说的方法练习了几次，感觉自信了许多。金无足赤，人无完人，即使有些缺点也很正常，没什么。

维尼：很好啊，有进步。

女生：谢谢老师。

09 | 恪守美德，
实则对自己
有益

为什么要恪守美德？这似乎是天经地义的，还需要问为什么吗？有一年夏天，我回到老家，在乡村的小路上散步，山野青翠，流水潺潺，想到美德这个问题，我感觉很有意思，在那里思索了很久。突然，我若有所悟：恪守美德，不仅仅是因为这样是高尚的，是社会要求的，还因为恪守美德本身对人是有益的。追求利益看似不那么高尚，但正因为有了这样的认知，面对诱惑的时候人更容易恪守美德。

为什么会想到这些问题呢？是因为小时候父母、老师、书籍都教导我们应该有美德，当时接受了，但是长大之后，我们发现社会很复杂，很多人并不遵守道德，好像反而还占了便宜。所以，我们的观念不知不觉中可能会动摇。所以，我们需要对道德有合理的认知，这样才能坚持。

1. 为什么要诚实

为什么要诚实？从小，父母就告诉我们要诚实，但是好像撒谎会获得利益。那么该不该诚实呢？

看看投资大师查理·芒格怎么说的吧："如果你说真话，你就不用记住你的谎言。我们不想搞得太复杂，所以总是说实话；本杰明·富兰克林没有说诚实是最好的道德品质，而是说诚实是最好的策略；在商业方面，巴菲特和我觉得，我们不应该因诚实而得到太多的赞誉，因为我们很早就知道，这种经营方式能让我们赚更多的钱。而由于我们对此非常理解，我不确定我们是否有资格被视为道德高尚的人。"

从长远来看，诚实对自己更有益，所以我们有必要选择诚实。

2. 为什么要有谦虚的态度

我以前不明白为什么要谦虚，所以一直不太谦虚，甚至有些张扬。《富兰克林自传》给了我启发。这位美国的名人说道："由于当我谦虚地提出了我的见解，这些意见反而容易为人接受，更少引起人们的反驳。我的意见之所以为人重视，我之所以在议会有那么大的影响，我想这主要归功于这谦虚的习惯。"这样看来，谦虚也是一种不错的策略。

当然，人有的时候需要谦虚，有时也要敢于表现自己，二者都需要适度。

3. 为什么要宽容

假如对方触怒了我们，或我们看不惯对方的做法，这时我们有两个选择。

选择一：反感或恨对方。结果：自己难受，对方还不一定知道，这是用别人的错误来惩罚自己。

选择二：原谅。结果：面对对方时心情平和。

我愿意选择第二种方式，因为这对我更好一些。如果你不肯宽容别人，不知能不能报复到别人，但首先这对自己不好，因为你会觉得不舒服。宽容，也是为了自己更愉悦地生活。

当然，对一般人来讲，也没有必要像上帝一样爱众生。如果你不喜欢一个人，你可以不爱他，保留你的不喜欢，但是还是要试着宽容他，这样就不会为反感、厌恶、怨恨的情绪所伤害。

4. 为什么要公正

我要求自己待事、待人尽量客观公正。为什么要这样？不是为了显得"公正"，而是因为这对我最有利。我崇尚率直的心胸，就是不带着自己的利益、立场、感情、喜好去看人、看事、看问题，这样我会更客观、更理性、更具智慧，能把事情做得更好，这无疑对自己也是有利的。这样的公正是牢固的，不会因为利益、情绪而轻易动摇。

正如《道德经》所说："圣人……以其无私……故能成其私。"放下私心，不过多考虑利益，最后反而有所收获，甚至收获更多。

5. 为什么要有礼貌

尊重别人才能得到别人的尊重，这是一个规律。对别人有礼貌，可以赢得别人对我们的尊重。而且，人一般是愿意帮助有礼貌、尊重自己的人的。所以，对人有礼貌，尊重别人，对自己是有益的。

6. 为什么要做贡献

作为 20 世纪 70 年代生的人，我还有一些要为国家、民族做出一点贡献的思想，也希望能够帮助到别人。其实不是觉得这样高尚，更多是出于自私的目的——觉得这样有价值、有意义，自己也感觉快乐。为了高尚而高尚，不见得能坚持下去，倒不如为了自己的快乐而高尚。

知道美德对自己是有益的，有助于我们恪守美德，虽然出发点看起来并不那么高尚。

10 | 宽容的基础
是理解

宽容是对自己有益的美德，那么如何做到宽容呢？

柴静的《看见》中有一句话：宽容的基础是理解。我们学会理解别人，改变自己的认知，那么就容易宽容了。这对于家人、同事、朋友都是适合的。

比如，如果父母学会理解孩子，知道孩子所谓的错误可能是"很正常，没什么"的，比如偶尔骂人；有的"错误"有内在的原因，比如写作业磨蹭；有的"错误"是父母造成的，比如当孩子说真话时会招致父母的批评或惩罚，孩子也就学会了说谎……理解了孩子，改变了对孩子"问题"的认知，就容易对孩子宽容了，对孩子的火气也就减少了。

以前我在科研机构工作的时候，有一位不错的朋友有一些权力，但他比较坚持原则，有时请他帮忙，如果不符合原则，他就会明确地拒绝。我理解这是他的做事方式，所以尊重他的原则，关系还是很好。

有时，同事之间有竞争关系，会在一些利益关系上发生冲突。其实也可以理解，每个人都有自己的利益，看问题的角度也不同，别人不见得就是在"踩"你，只是恰好利益撞车而已。理解了，就容易宽容，避免陷入内斗之中。

有一次要去开家长会，打滴滴专车，从地图上看车距离很近，车却姗姗来迟，这样一来我就要迟到了。司机表示了歉意，我微微一笑，没有多说什么。因为我理解他可能不熟悉路，走错了路线也是正常的，没有必要计较。

　　一位妈妈说：维尼老师，看了您说的"宽容的基础是理解"，我觉得很有道理，就试着运用到生活中去。当我能够真正站在对方的角度去体会、理解别人时，我自己的内心真的平静多了，也很少生气、发脾气了。

CHAPTER ELEVEN

第 十 一 章

建 立 良 好 的 人 际 关 系

内　心　的　重　建

学会处理人际关系，是心理成长的一个重要内容。良好的关系是幸福的源泉，糟糕的关系会带来无尽的痛苦。建立良好的人际关系，从改变认知做起。

01 | 人际交往的
关键是理解别人

如果我们学会理解别人，站在别人的立场上考虑问题，那么认知改变了，我们的心态就会平和，沟通也就顺畅了，自然容易与对方合作。

在家庭教育中，亲子关系是非常重要的。有了好的亲子关系，孩子才能合作，教育才能有效；没有好的亲子关系，孩子很逆反，一切方法都可能是无效的。

同样，夫妻、亲友、同事，先处理好关系也是非常重要的。从某种程度来讲，关系好了，做什么都是对的；关系不好，怎么做都是错的。这也符合心理学的规律：**关系好了，对方对你有好印象，会不自觉地去找出你做法之中合理的方面；如果关系不好，对你有了成见，可能会习惯于关注不合理之处。**这在心理学上被称为晕轮效应，又称"光环效应"，是指当认知者对一个人的某种特征形成好或坏的印象后，他会倾向于据此推论该人其他方面的特征。

有一家公司的中层领导在我这里做咨询，有一段时间她和另外一位女领导发生了矛盾，她总觉得那位领导在挑她的刺。其实转换角度来看，人家未必是为难她，这也是可以理解的。我建议她不要太较真，抛开谁对谁错，先处理好关系。如果关系不好，很多事情就难以处理，即使你是对的，在别人眼里也是错的。她听取了我的建议，学会理解别人，从而善意地相处，后来，那位领导和她成了朋友，对她关照颇多。这家公司不同领导之间斗争颇多，矛盾尖锐。但是由于她善解人意，关系处理得不错，各部门的领导都喜欢她。所以，虽处于纷争之中她却能游刃有余，心情舒畅。

处理好人际关系，有两个关键因素：一是学会理解别人；二是对于不太重要的事情不要太较真，要随和、好商量。

在家庭教育中，如果父母能够学会理解孩子、好商量、不那么较真，那么身教之下，孩子自然也会对他人如此，与人相处自然问题不大。

02 | 这不是一个
非黑即白的
世界

大学的时候，我喜欢和别人争论，经常争到面红耳赤，那时我挖空心思想去证明自己对了，人家错了。现在想起往事，我会微微一笑——俱往矣，很多事情不是非对即错的。

有一次，新闻里说上海的一些夫妻为了规避限房政策而假离婚，微信群里对此议论纷纷。有人觉得，人家利用规则，做的事情无可厚非，敢假离婚说明婚姻信任程度高；有的则觉得，这样做是对婚姻的亵渎，表示自己不会这样去做。孰是孰非？其实答案并不唯一，双方都有道理。我理解假离婚夫妻的行为，不去做道德审判，也赞赏那些面对诱惑拒绝假离婚的人。

微信群里也经常会谈论政治，他们都以为自己掌握了真理，常常争论得不可开交，甚至不惜进行人身攻击。在我看来，其实谁也不是傻子，观点都有一定的道理，也都有一些偏颇之处，难以简单地说谁是谁非。

以前的教育总告诉我们要爱憎分明、是非分明，所以很多人谈论事情总要分出个什么正确、什么错误。其实，这个世界不是非黑即白、是非分明的，而是黑白、是非共存的，没有绝对正确或绝对错误的事情。在某些情况下，合理的观点在另一情况下可能就不合理了。一般来说，每个人的观点看法都有其合理之处，当然也有其不合理之处。

比如家庭教育，有的人说应该严格，有的说应该宽松，看起来互相矛盾，但是其实都有合理之处。需要具体情况具体分析，有的情况下应该严格，有的情况下应该宽松；对有的孩子应该严格些，对有的孩子应该宽松些；有时需要先宽松，逐渐严格，有时还需要把握好度，过于严格或过于宽松可能都不好。

理解别人，看到对方的合理之处，不执着于自己的正确，这种思维对于处理人际关系很重要。

孩子提出一个貌似不合理的要求，我们先尝试理解其合理之处，再去沟通，效果可能会更好。毕竟，很少有什么要求是完全不合理的。

在家里，您想这么做，爱人想那样做，不同的做法不是非对即错的，所以可以协商一下、折中一下，或者顺应对方的意见也可以。

与同事相处，有时也需要学会妥协，考虑到对方的利益和看法，这有助于我们更好地合作。

03 | 有些不过是
人之常情

　　我读《史记》，对一个故事印象深刻：王翦自污以取信于秦始皇。秦楚之战，王翦率领着六十万大军出发，临出发时，请求秦始皇赐予许多良田、美宅、园林池苑等。秦始皇说："将军尽管上路好了，何必担忧家里日子不好过呢？"王翦说："替大王带兵，即使有功劳，也终究难以得到封侯赐爵，所以，趁着大王特别器重我的时候，我也得及时请求大王赐予园林池苑来给子孙后代置份家产吧。"秦始皇听了哈哈大笑起来。王翦出发后到了函谷关，又连续五次派使者回朝廷，请求赐予良田。有人对王翦说："将军请求赐予家业，如此心急，也太过分了吧。"王翦道："不是这样的。秦王性情粗暴，对人多疑。现在他把全国的兵力全部交给我统领，我不多多请求赏赐田宅财物，给子孙们置份家产，以表示自己出征的坚定意志，那秦王还不怀疑我拥兵谋反吗？"

　　为什么王翦会自污，因为他理解秦王，知道在这种情况下秦王怀疑他是否忠诚是人之常情，他没有要求秦王的信任，而是顺应秦王的心理，用自污的办法来赢得信任。

　　如果我们考虑到人之常情，就容易理解别人了。

　　我去市场买荠菜，和摊主说好等她拾掇好几斤我再来买，考虑到相互不熟悉，她可能会担心我不回来，这是人之常情，所以我走时主动给她留下了一些押金，这样她就放心了。

　　2013 年，我为盲童小海妍的手术在网络上发起了捐款活动，因为读者的信任，所以还没有人质疑事情的真实性，但是如果有怀疑也属于人之常情，所以，我主动提供了几篇青岛媒体的报道以及小海妍一家的影像，这样大家就会更安心地奉献爱心了。

同事之间有的面临直接的竞争，所以互相有些芥蒂、防备，或者不支持，只要不是有意诋毁、搞鬼，也是人之常情，可以理解。

很生气的时候说话可能会难听，这是情绪的驱动作用，如果只是偶尔如此，也属于人之常情。

找一位朋友办理车险，她是新手，不熟悉业务，所以办得不太顺利，有些折腾。不过，新手出现这种情况，也很正常，可以理解。

与人合作，由于沟通的问题或者其他无法预料的情况，别人没有按照说好的来做，有时不过是人之常情，可以理解。有了理解，别人会更愿意与我们合作。

孩子玩手机有时会超时，如果觉得孩子说话不算数就会很生气，但是转念一想，父母玩手机就能遵守时间吗？到了时间如果微信没聊完，视频还没看完，能停下来吗？所以，此时的说话不算数不过是人之常情而已。理解了这些，我们也就平静下来了，也有助于理性地处理问题。

孩子在自己房间写作业，听到父母说了什么事情，好奇地跑出来想问个清楚，不必责怪他写作业不专心，这不过是人之常情，孩子是人不是神，克制不了好奇心很正常。下次父母聊天别让孩子听到就可以了。

理解别人，知道哪些是人之常情，有助于我们更好地与人相处。

04 | 理解别人，说到底是为了自己

有人说：去理解别人，这累不累呢？是不是过得太小心了？

一位妈妈觉得，孩子从小体弱多病，所以在孩子上小学之后，她希望婆婆能继续照顾孩子。但婆婆觉得事情不多，决定去上班。现在孩子放学回家，有些饿了，会胡乱吃些冷饭冷菜，妈妈觉得这样对孩子身体不好。所以总想让婆婆在家，但是婆婆不同意，爸爸也不认真地去劝说，妈妈就很郁闷，甚至抑郁了。

我建议她理解婆婆，她有些不情愿，我说："理解和宽容别人，其实是为了自己。不愿意理解婆婆，对你的心理有这么大的影响，对孩子也不好。"她觉得有道理，决定尝试着去理解婆婆，慢慢地她的心情好了很多。

一位女士的女领导可能处于更年期，经常挑毛病找碴儿。她向我咨询："我对她特别反感，看到她就烦，但又无法调离，这让我很难受，怎么才能放下这种反感呢？"我说："换一个角度来理解，她也不是坏人，只是处于'愚昧'之中，自己招人讨厌，却不自知，也可笑、可怜吧。"过了几天，她给我留言："您说得对，她确实不知道自己的言行那么不可理喻，大家都不喜欢她，说起来也挺可怜的，我没必要和她较真。换个角度一想，好像她也不那么烦人了。不然，如果总是讨厌她，我也不舒服。"

理解别人，不是为了别人，而是为了自己。认知改变了，感受就好了。这样，我们也能善意地与他人相处，理性地处理事情。

05 | 别太较真，
保持适度
自我怀疑

坚持真理，坚持正确的东西，是有道理的；但过于坚持或者无论什么事情、无论在什么场合都要坚持，就太较真了，容易发生矛盾、冲突。

为什么坚持正确的东西还会有问题呢？

当人自以为正确的时候，其实可能有三种情况：

第一，**我们认为正确，其实未必是正确的**。人生无常，有很多是我们不了解、想不到的。即使我们深思熟虑，也可能考虑不周或者判断错误。所以，还是适当保持怀疑为好，不要太自信。

第二，**我们的观点正确，别人的也可能是正确的**。道并行而不悖，很多事情不是只有一个解决方案，从不同角度看都有道理。所以，当别人有不同意见时，首先要学会理解其合理的方面，这样才能更好地沟通、相处。

第三，**我们是正确的，别人的观点确实有问题或者是错误的，有时不妨给别人一些面子**。如果事情不太重要，不坚持又有何妨？话说回来，有时不给对方面子，因此破坏了关系，这种做法可能本身就是不正确的啊。

我还是一个毛头小伙子的时候，是一个很较真的人，有时会不顾及别人的感受，一味地坚持己见，所以有时会争吵起来。我的一位朋友非常善于处理人际关系，有一次，我和他人争吵之后，向他诉苦："那人明明错了，为什么还胡搅蛮缠呢？"他简单地说了一句："要给人面子，即使你是对的，也要给人面子。"我以前只知道坚持真理，从未想到还要给人面子，他的话让我若有所悟。是啊,即使自己是对的,又不是什么大事,何必要不给别人面子呢?认知改变了,行为也就改变了。如果事情比较重要,我还会有所坚持,不过会注意自己的表达方式;如果事情不重要,就不那么较真了,谁对谁错,有什么大的关系呢?

一位妈妈说:

看了维尼老师的观点,我认识到自己的想法未必是唯一正确的,慢慢地也就不那么较真了。十一期间,我们从老家带了一些黄瓜,放到冰箱里时太靠近冰箱壁,有一个黄瓜被冻了。老公看到这个黄瓜就说:"这个坏了!"我说:"这不是坏,是被冻了。"他说:"我就觉得这是坏了,这样的黄瓜我肯定不吃。"这时,他就要把黄瓜扔到垃圾桶里。我说:"你就不能把黄瓜切开?让我看看里面,如果真坏了再扔我也就安心了,要不这样太浪费了。"老公把黄瓜切开后说:"虽然里面没坏,但是这样的黄瓜我不吃。"这时儿子跑过来问:"妈妈,出什么事了?怎么了?"我说:"没事,什么事都没有,每个人对食物坏的定义不一样。"然后我就和孩子玩去了。我们以前经常为类似的事情闹矛盾,有时好几天都不说话,都是因为太较真,现在想想真没必要!

06 | 掌握
沟通的秘诀

　　一位读者说:"每次和一位朋友讨论问题，他总是先指出我观点的错误之处，这让我觉得不舒服，我们经常会争吵起来，后来，我再也不去和他交流了。"如果人总是盯着别人观点的不合理之处，那么沟通就自然难以顺畅了。

　　有的父母遇到什么事情，总是抓住"时机"教育孩子一番，指出孩子的错误，这样孩子自然感觉堵得慌，慢慢地就不愿意和父母沟通了。

　　良好沟通的秘诀其实很简单:每个人的观点都有合理之处，所以先理解和肯定别人，再提出自己的意见，这样更容易让人接受。

　　一位女士在我这里咨询，她和老公到了打算离婚的地步。她说话直来直去，老公说她:你不把人说痛了，是不会说话的。我建议她考虑老公的感受，先理解肯定，再提出自己的建议。她说:这样是不是太累了? 她总觉得一家人不需要这样。《道德经》里说:反者，道之动。说话想轻松一些、痛快一些，结果却把关系搞僵了，很累;而考虑对方的感受，看似累，但如果形成了习惯就会轻松了，而且会感觉美好愉悦。

　　这种沟通方式对于青春期的孩子尤其适用。比如孩子回家埋怨老师，有的父母马上驳斥孩子:老师都是为了你好，你该反省一下自己的问题。长此以往，孩子就不愿意再说学校的事情了。而如果我们采用合理的沟通方式，效果就会好得多。首先，我们要理解孩子，孩子既然抱怨，那么肯定是有他的理由和委屈的，我们先理解，去共情;这样一来，孩子觉得我们是自己人，我们再去劝孩子理解老师，孩子可能就会听得进去；最后，我们再给出现实可行的建议，比如以后遇到此类事情该如何应对。如果采用这样的方式，相信孩子会更喜欢与我们沟通。

07 | 先理顺关系，
再寻求改变

　　家庭关系也是一样。如果有良好的家庭关系，那么很多事情都好沟通、好办；如果关系不好，互相有成见，那么怎么做都是有问题的，家庭就成了痛苦的泥潭。

　　处理好家庭关系，首先要学会理解家人，从而做到宽容和接纳；之后，可以用三种思维看淡事情的影响，调节自己的心态；有时不必急着改变家人，不妨先改变自己。

　　比如夫妻之间朝夕相处，有很多事情，如果处理不好，可能会引起矛盾和冲突，关系紧张，那么很多事情就难以应对了。此时，先要理顺关系，对于具体事情不要那么较真，等关系好了，再寻求改变。

　　一位女士在我这里咨询。他们夫妻俩隔几天就会吵一次，她老公会因为一点小事就和她大发脾气，这种情况持续了好几年了。她觉得非常难以理解，困惑了很久。我了解到她老公和朋友、同事相处脾气都挺好，忍耐性也不错。那为什么对她脾气那么差呢？其实也不难理解，夫妻关系不好，互相有了成见，看不惯对方，一点小事就会联想到很多往事，从而引起强烈的反应。所以，先处理关系，再处理事情；对于事情先放下，不那么较真，多顺应对方，关系缓和之后，就不那么容易发生矛盾和冲突了。

另外一位女士说：

老公说我动不动就发脾气，其实就是因为以前发生的一些事情让我对他一直很反感，所以遇到一点小事我就忍不住大发脾气，反应强烈。现在我用维尼老师的理念慢慢改变自己，已经开始受益。原来对老公的一些做法看不惯时，我会很生气，常常会殃及孩子。现在遇到事情我会学着去理解他，慢慢用维尼老师的三种思维来分析，我发现很多事情其实没什么大不了的，这样心态好了，就能够接纳他了。

比如昨天上午家中的太阳能热水器又要修理了，年年冬天过后都要重修，以前都是老公联系，这次是我主动联系，并且跟着师傅上去看了看具体情况。修完后，我生气地质问老公：你以前为什么不问问人家如何避免年年修，并且确保冬天能用啊，你看你浪费了多少资源，太阳能冬天不能用，年年维修成本也不低……唠叨了几遍后老公就不耐烦了，开始生气，我立即意识到不能再说了。

下午回到单位一想，老公又不是很懂太阳能，想不到寻求彻底维修的方法也很正常，而且我以前不是也没有想到吗？再说了，以前虽然不太完美，但是也没什么大不了的，不也这么过来了吗？为了这个吵一架值得吗？心静下来后，我随即给老公发了个信息，告诉他我上午那样埋怨他不对，请别介意，我也有考虑不周、做事欠妥的时候，我们吸取教训，改正不足，事情就会变得越来越好。这样一说，晚上老公回家主动做饭，并且晚上邀我去散步。呵呵，认知改变了，情绪和行为都变了。要是以前，我会认为自己做得对，唠叨老公，他生气，我更生气，然后是谁也不理谁，孩子看了也不舒服，直接影响整个家庭氛围。现在调整了认知，就产生了完全不同的效果。

08 改变认知，理解对方

学会理解对方是处理好人际关系的关键。理解了，矛盾就少了；不理解，一点小事也可能引发冲突。

理解的关键就是知道哪些是人之常情，哪些是"很正常，没什么"的，哪些自己也会那样做。

一位妈妈说：

老公有时对我有些着急，会抱怨我。偶尔几次他正忙着，我去和他说一件事，他会说你没长眼吗？不过这种情况只发生过几次。我以前总认为他不尊重我，所以很生气。现在学习了维尼老师的理念，我开始学着去理解他：老公只是偶尔如此，这可能是正常的，也许因为他正好有些烦躁，我去说什么，就像正巧撞在枪口上，一说就会让他更烦躁，从而发火，这可能只是情绪的宣泄而已。其实想想我自己有时也是这样的，这不说明他不尊重我、贬低我。这样慢慢理解了他，我就不大生气了，事后再和他说说，他也觉得不好意思，慢慢这种情况也少一些了。

有位妈妈告诉我老公不关心她，不重视她。其实有些事情可能是很正常的，与关心和重视无关。比如，老公买衣服只给自己买，没给她买，这可能是因为老公没有这个意识。另外，他们夫妻关系不太好，在这种情况下，老公不大想着她、关心她，就是人之常情了。可以先试着去理解对方，争取改善关系，关系好了，自然会有更多关心。

　　一位妈妈说：

　　我先生最大的问题就是在家里常常发火，而且经常不考虑后果，歇斯底里，恶语相向，爆粗口，砸东西，说离婚。我对这一点无法接受。维尼老师说，虽然老公这样不好，但如果他很恼火，自然要发泄。有的人发泄比较理性，有的人则习惯于说决绝的话、砸个东西才痛快、才舒服，这也是不由自主的，也是情绪的规律。他只是被情绪控制的动物，并不见得有太多恶意。维尼老师建议我先找找老公发火的原因，其中可能就包括我自己的问题。后来我发现，可能是因为我有些不太尊重他，在与我父亲的关系问题上我没有支持和理解老公，所以老公才会经常发火。理解之后，我也开始改变自己，结果和老公相处得越来越好。他发火也越来越少了。

　　一位妈妈在我这里咨询，她和老公本来感情很好，但是多年来他们经常争吵，感情越来越淡。她对老公一肚子意见。比如，晚上她想搂着老公，但是老公不让她碰，她很伤心。其实这是正常的，不少男人睡觉时就是不喜欢接触，因为会影响入睡。她老公其实没什么不良嗜好和习惯，主要是不怎么管孩子，她对此耿耿于怀。没错，爸爸也应该参与到家庭教育之中，但是不少爸爸觉得养孩子是妈妈的事情，或者孩子不用管，这主要是因为观念的不同，也可以理解，慢慢争取有所改变就可以了。她老公外出不大喜欢她老打电话，她外出几天老公也不大询问（老公没有外遇的情况），她觉得老公不关心她了，其实对男人来说这些也很正常。双方的观念、习惯、喜好不同，如果不能理解，那么很多矛盾就会由此而生。

09 | 学会
三种思维，
收获平常心

如果把事情看得过于严重，放大其影响，就容易太执着和较真，从而引发矛盾；而如果学会三种思维，淡定一些，释然一些，就好相处了。

一位妈妈的故事：

有了三种思维，坏事变好事

以往经常与母亲争吵，闹得极不愉快。后来我想了想，每一次争吵，基本都是因为提起奶奶而引起的。年迈的奶奶，如今仍不减年轻时的强势，母亲也属于强者。俗话说清官难断家务事，看似鸡毛蒜皮的家事其实是最让人伤脑筋的。因从小目睹母亲与奶奶争吵的关系，我总想当劝和者、调和者，结果屡屡碰壁。现在我学会用维尼老师说的三种思维来看待这个问题：那个年代的婆媳关系可能就是这样，也很正常；母亲心软孝顺，只是有时委屈给我唠叨唠叨，这也是好事，可以发泄她的不满；她们都已经老了，无法改变，就顺其自然吧，我也不必刻意寻求改变。从此以后我再也没与母亲吵过。对于一些事情，现在即使我一开始感觉看着不顺眼，也会用三种思维重新分析，很快也就能释然。自己舒服，母亲也舒服。

我是个爱较真的人，以前与老公常常因为一句话而争得面红耳赤，现在想想有不同看法其实很正常，有什么了不起的呢？又不是什么大事，老公愿意怎么想就怎么想，顺其自然就是了。这样争论自然少多了，家里的气氛越来越好。

　　工作中，我的自我要求很高，被公认为做事干净利索。如果只有我一个人干，我会经常加班加点、绞尽脑汁地干好，但有些工作需要别人的合作，就不一定那么完美了。以前，每当别人跟不上我的节奏的时候，我总会觉得很烦躁。现在想想每个人都是不一样的，人做得不完美其实也"很正常，没什么"，先顺其自然，再找出更合理的工作方案，以备下次改进。这样我就不再烦躁了，人际关系也有了不少改善。

10 没有什么是
"你应该"

与家人相处，一个常见的习惯性思维是：你应该如何如何……你不应该
如何如何……自己觉得应该如此，但是别人并不觉得，那么就容易发生矛盾。

其实，我们认为应该的真的就是应该的吗？不一定，有时只是角度不同、
标准不同、想法不同而已。有时也不是什么大事，本身是无所谓的，那么何
必一定要按照我们的想法或标准来呢？

一位女士的妈妈怕受风寒，所以常常穿得很臃肿。她觉得应该穿少点，
所以见面总是劝妈妈脱几件。但是老人是难以改变的，也有自己的道理，所
以每次都是白费口舌，还搞得不愉快。其实，这也没什么大不了的，为什么
非要改变妈妈呢？

一位老公总觉得爱人吃完饭就"应该"马上洗碗（老公买菜做饭），这
样餐桌会看起来清爽些。但是爱人上班有些累，不想马上洗。所以，老公所
说的"应该"只是站在自己的角度，从爱人的角度来看并非"应该"。不妨变
通一下，先把餐具收拾下去，餐桌也干净了，等爱人想洗的时候再洗也可以啊。

抽烟对人身体肯定有不好的影响，所以，有的妈妈觉得老公应该戒烟。
但是，戒烟虽然看似应该，但这是很困难的事情，不是说戒就能戒的。与其
为此争吵不休，不如努力之后，再顺其自然。

我妈妈有些唠叨，以前我觉得不应该这样，想去改变妈妈。但转念一想，

妈妈七十多岁了，性格已经很难改变，从这个角度来看，她其实"应该"唠叨。那么不如顺其自然，享受和妈妈相处的时光。

一位男士的责任心不错，承担了大部分的家务，夫妻相处得不错。不过，爱人不大喜欢收拾家，做家务慢。他总觉得她不该如此，所以总想改变她。但是习惯是很难改变的，所以他们不免为此有些争吵。我建议他既然难以改变，不妨先接纳（因为本来也没什么大不了的），慢慢再说。他觉得有些道理，过了几天告诉我："我现在不总想着去改变她了，再看到她的那些习惯，我觉得好像也没什么了。"

对于同事也是如此。看人不顺眼，有一个重要的原因，就是总想着他不应该这样，期盼他能改变。而实际上，别人通常难以很快改变，或者无法改变。所以，不妨放下执念，接纳现状，可能看着就不那么不顺眼了。

当然，如果事情比较重要，影响比较大，可能还是需要努力寻求改变的。即使事情不是太重要，有时寻求改变也是正常的，只是要注意方式，慢慢来。

11 | 先改变自己，
进入良性循环

夫妻关系出了问题，自然是双方都有原因。不过，有时改变对方是困难的，不如先改变自己，这样可能会带来对方的改变。如果改善了关系，就慢慢进入了良性循环。

夫妻关系出问题，不妨先改变自己

一年前的现在，是我人生中最痛苦的时候，因为我打算和老公离婚。我不能忍受一个人生观、价值观和我不一样的老公，一个不包容我的脾气，一个不会主动关心、体贴我的老公。婚姻让我痛苦，我找不到被爱的感觉。但是离婚后我又将何去何从？当时我真的感觉已被逼上了绝路：不离婚痛苦，离婚也痛苦。

后来，我还是回了娘家一个月，重新思考以后的生活。我决定改变自己，为了自己的幸福去尝试改变。回来之后，我开始大扫除，重新布置我的家，学着做既营养又美味的饭菜，不再唠叨，不再抱怨。老公从开始的惊奇、疑惑，到用一种全新的眼光看待我，只用了几天的时间。其实，想让老公发现我的改变并不难，他已经习惯了原来的我，我的一点点变化都会引起他的注意。而且每个人都想幸福地生活，老公也不例外，所以他对我的改变也积极地做出了正面回应。这也增加了我继续改变自己的信心。我们开始进入良性循环，这一步我走对了！

老公重新认识了我，对我提出的要求不再抗拒，对我偶尔的唠叨他也会予以包容；我也重新认识了他，肯定了他工作辛苦，谢谢他为我和女儿提供了衣食无忧的生活。他不再说我"活在梦里"，我也不再说他庸俗。

虽然我们的人生观、价值观仍然不同，但是我们现在会彼此接纳对方，而不是只想着去改变对方，想让对方变得和自己一样。换个角度想，尽管价值观不同，老公仍然选择为我付出，这不是一件更让人感动的事情吗？例如：几个月后，当我再次陷入痛苦不可自拔时，我要找维尼老师做咨询，老公开始也是有顾虑的。但是他只问了一句："靠谱吗？"我说："你就相信我吧！"老公马上就同意了，我当时感动得哭了好久。

原来的自己，爱较真，追求完美，不仅苦了自己，路还越走越窄，最后到了无路可走的地步。维尼老师告诉我，放下我的执着，放下我的"一定""必须"，我试着这样去做了，豁然发现这个世界并不是"非黑即白"的，而是如此多元化，如此生动。每个人都有自己的人生观、价值观，站在不同的角度就会看到不同的世界。

我和老公之间的沟通也越来越顺畅。就像维尼老师说的，本来就没有绝对的对错之分，即使自己是对的，也没有必要一味地去证明，要顾及对方的面子问题；即使自己是对的，也要先肯定一下对方，再说出自己的意见。这样的沟通方式其实谁都喜欢。

回头看看我走过的路，我发现与其期望别人改变，不如自己先改变。改变自己的做法，改变自己的认知。认知变，世界变。

CHAPTER / TWELVE

第 十 二 章

心 理 问 题 是 可 以 理 解 的

内 心 的 重 建

我有一个基本的理念，心理问题，包括严重的心理问题，都是正常心理规律的产物，可以理解。所以，分析或解决任何心理问题，都可以从正常的心理规律出发，分析其心理机制，搞清心理各因素是如何相互作用的，从而找出相应的解决方案。

01 | 抑郁症 是怎么回事

抑郁症的痛苦是没有经历过的人所难以理解的。严重的抑郁情绪之下，人的兴趣丧失，关注的都是负面灰暗的东西，就像陷入了泥潭，怎么也爬不出来。有几位患抑郁症的来访者告诉我，在那种痛苦、煎熬之下，自杀的想法显得那么轻松，好像是一种解脱。

抑郁症为什么难以摆脱？我二十多岁时，曾经陷入中等程度的抑郁状态之中，持续了一个月，所以有机会反复真切地体验抑郁为什么那么顽固。这段经历给了我一个宝贵的认识：抑郁症是情绪和认知交互作用形成的恶性循环。其中最重要的机理是情绪对于认知的影响，这是以前心理学界所不重视的。

回想抑郁的那段时间，我明知道应该多去想积极乐观的事情，以促进情绪的好转，但是即使有意去思考，对积极、乐观的方面的感觉还是迟钝、麻木的，通俗地讲就是没有感觉，所以，我难以继续下去，对于改善情绪的作用也不大。而此时对于负面、悲观的方面非常敏感，容易产生丰富、放大的联想，而且"生动鲜活"，这自然会让低落的情绪继续或者进一步低落。这就是在抑郁状态下情绪对认知的影响。这一规律从很多抑郁症来访者那里也得到了验证。

这个规律符合心理学的"情绪一致性效应"：那些与一个人目前情绪相一致的内容更容易被发现、注意和深加工，联系更为紧密。所以，人在抑郁的状态下对消极负面的方面很敏感，对积极乐观的方面则感觉迟钝。

　　这一规律对理解抑郁症的机理特别重要。抑郁的情绪形成后难以摆脱，很重要的一个原因是：人之所以感到抑郁，通常是因为负面事件的打击，而抑郁情绪又让人痛苦，为了摆脱它，人会不由自主地去思考相关的事情（情绪的驱动作用）。而由于情绪对认知的影响，人会对消极的方面很敏感，对积极的方面感觉迟钝，所以，注意力就会不由自主地集中到负面悲观的方面了，而这会让情绪进一步低落，从而形成恶性循环，难以摆脱。其中的循环路径为：负面事件—抑郁情绪—驱动思考—对积极面无感，对负面的敏感—进一步抑郁。

　　了解机理之后，可以据此寻找相应的治疗方法。

　　治疗抑郁的第一步，就是先接纳现状。抑郁的好转必然要经过较长的时期，可能会持续几个月甚至一两年，如果不接纳，急于摆脱，就可能产生更多的情绪冲突，反而延缓康复。所以，首先要学会和它一起生活，照常进行日常生活，慢慢等待好转。这就是森田疗法所说的"为所当为，顺其自然"。

　　第二步是主动调节情绪。多采取转移注意力的方法，比如运动、看电影、聊天交流、干家务、逛街等，去主动调节情绪。比如与人交流，因为需要集中注意力和人说话，就可以有效地把注意力从那些让人抑郁的事情上转移。另外，在此过程中情绪会得到宣泄，或者直接提高人的兴奋度，促进情绪好转。如果能找到知心的、愿意倾听的朋友，还可以倾诉自己的痛苦，朋友的倾听和接纳对于抑郁情绪有平复缓解的作用。看书也是一种转移注意力的方式，也可以从书中得到慰藉、改变认知，这对于情绪调节也很有帮助。

　　很多人抑郁之后什么都不想做，就躺在那里思考，这样对情绪的缓解很不利。

　　抑郁严重时，会陷入情绪的旋涡不能自拔，此时可以适当服用抗抑郁的药物，暂时改善情绪。

　　情绪调节是走出恶性循环非常重要的一步。

　　第三步是改变认知。抑郁症患者有一些性格特征，比如追求完美、对自己要求高、有太高的目标而且很执着。另外，患者还存在一些不合理的思维模式，比如夸大事情的影响、看事情过于悲观等。所以，为了消除抑郁的根源，需要改变认知，转换思维模式。本书提倡的许多认知和思维模式适用于抑郁症的康复。如果从小渗透这些思维模式，抑郁症发生的可能性会大大降低。

需要注意的是，在情绪状态不好的时候要首先转移注意力以调节情绪，等情绪好转之后再改变认知。抑郁的康复往往是一个螺旋式上升的过程，情绪的好转会反反复复。总体来讲，情绪不好就先调节情绪，情绪好了再尝试改变认知。

一位高二女生陷入抑郁之中，在我这里咨询，一个多月后逐渐安然地走了出来。

改变认知，就能改善情绪

女儿读高二，去年8月下旬，她晚上回到家，说："妈妈，你开导我一下吧，我好烦，不想读书了。"我这才意识到女儿情绪不对劲。她情绪低落，没聊一会儿就哭了，哭得很伤心和无助，她说："你每天这么辛苦，我花那么多钱，成绩不好怎么办？看到别人开开心心都学得这么好，我觉得好孤单，就想哭。我想换班，回原来的普通班，我不想在这个班里垫底，待在这个班我特别烦。"我才发觉自己太粗心。最近几天，女儿一直都有话想和我说，但我不是累了就是自己睡了，没和她好好聊过。自己觉得给了她吃的、用的就很好了，还觉得和我小时候比她多幸福啊！可是，她怎么会有这些莫名的烦恼呢？

看到女儿的状况，我很惶恐，我用最大的耐心、所有的招数来宽解女儿的心，可过了十来天女儿还是情绪低迷、痛苦和烦躁，所以我向维尼老师咨询。老师判断是抑郁状态，建议主要通过改变认知来减轻孩子的压力，同时慢慢调节情绪。有了维尼老师的指点，我也明朗和坦然了很多。但这真是一个反复折腾的过程，有时早上上学还好好的，中午就会突然发信息给我："妈妈，我坐在教室里很烦。"我心疼女儿无法排解的郁闷，我内心也有崩溃的感觉，这样的情绪什么时候才能好起来呢？维尼老师建议我多陪陪她，我只能在午饭时间打电话聊，晚自习前偶尔给她送吃的，陪陪她。女儿见到我常常抹眼泪。这段时间为了陪伴女儿，我身心俱疲。女儿也问我："妈妈，我怎么还没好啊？

要多久才好啊？"

维尼老师用三种思维来帮助她分析。一是坏事会变好事，这场风波早晚都会到来，高二出现比高三出现好，这种经历对她心理成长的作用比学习多少知识更重要。二是很正常，没什么。现在不想学就不学，多大的事呢？我们学的是文科，看书自学容易得多。从普通班突然进入重点班，不适应也很正常。三是学习努力就好，至于能学成什么样，顺其自然。只要正常发挥，还是能考上大学的，至于是一本还是二本，没有太大区别，将来关键还是要看个人的综合素质。

9月份，女儿有无数次想休学的念头，维尼老师说先看看。后来看女儿在学校那么难熬，我也想让她休学算了。老师说，再坚持几天。后来，女儿状况好多了，情绪好的时间越来越长。有时我不理解孩子，忍不住在维尼老师那里抱怨："孩子怎么想那么多没用的呢？什么都不想不就行了？""晚上回家要玩一个小时的电脑，12点才睡。"维尼老师说："相信孩子是想变好的，她是克制不住自己的情绪才会这样。""玩电脑就玩电脑吧，这也是在宣泄情绪。"这样想，我也没那么焦虑了。

值得庆幸的是，过了一个多月，女儿安然地走过来了，相信经历了一些状况的女儿会更坚强。这学期，女儿回家也不玩电脑了，脸上的笑容也越来越多，人也快乐起来了。我原来对女儿寄予厚望，希望她各方面都优秀，出人头地，但是没有注意帮她减压，反而是在加压。我现在是将孩子的学习彻底放下了，孩子心灵的健康和快乐比什么都重要。

今年这学期，女儿的同桌休学了。听女儿说，这学期她同桌常常绝食、割腕，最终休学。其实如果能像我给女儿及时地疏导一样，或许她的同桌也能顺利地读书上大学，这一休学，有的孩子就再也没有勇气踏入校门了。

02 | 强迫症，
其实不难理解

没有强迫行为的人总觉得强迫症莫名其妙、不可理喻，其实它也是正常心理规律的产物，是可以理解的。

强迫症常见的形式有强迫行为和强迫思维。这里主要讨论强迫行为。

强迫行为就是来访者在生活中明明知道持续存在毫无意义且不合理，却不能克制地反复出现的行为，愈是企图努力抵制，愈感到紧张和痛苦。

其中，反强迫是一个重要的特征，即为强迫动作（思维）感到痛苦焦虑，极力想摆脱。

强迫行为比较常见，不少人曾经有过类似的经历。比如出门前会反复检查煤气有没有关好；门关上之后会疑心到底有没有锁好；反复检查东西在不在包里……看起来莫名其妙，但这种怀疑和担心其实是有一定道理的，因为确实存在发生的可能性。

1. 强迫行为的起因

出现强迫行为，往往有一定的诱因，可能起始于偶然的担心、怀疑，也可能是某一次的事件。我曾有过开车时反复检查手刹的强迫行为。起因是有一次我忘记了放手刹，结果刹车片和后轮摩擦冒烟了，从那之后我开车时会习惯性地怀疑手刹没有放下。

　　出现强迫行为，与性格也有关系。追求完美、自我要求高、敏感、爱担心的性格相对容易出现强迫症。这与家庭环境有一定关系。有一位初中女生有反复洗手、长时间洗澡的强迫行为，原来是因为她爸爸的性格有些过于追求完美，从小总是担心她生病，过分讲究卫生，家里的餐具天天消毒，这对孩子产生了深刻的影响。一位六年级男孩的几位家人都容易担心、焦虑，受此影响，孩子也总担心会发生什么不好的事情，所以出现了强迫行为。

2. 强迫行为的本质

　　我认为，强迫行为的本质是习惯性地出现的怀疑，会在某种情景下自动出现。

　　这种怀疑或担心看似毫无意义，其实也有一定道理，有发生的可能性。比如，我开车时确实可能会忘记放手刹，这种现象发生过五六次。洁癖患者为什么会反复洗手？是因为怀疑手不干净，而无论怎么洗，不干净的可能性总是存在的。又如，一位来访者怀疑周围的一切都不是真实的，这种怀疑也是有道理的，因为从感官的角度来看，世界是光线和声音等的组合，只是真实世界的一种反映。

　　这种怀疑会产生驱力，推动着人们去检查、验证，以消除担心或怀疑。如果不去验证，就会感觉到不舒服，甚至焦虑、烦躁；验证了才觉得舒服。

3. 有了怀疑，为什么需要反复验证才能安心

　　我们平常相信一件事情，往往是基于模糊判断，大致一想也就放心了，但是要较真的话还就不那么确信了。比如一个字，随便一看就能认出来，但是如果仔细地去盯着看，越看越不像。再如停车之后我已经走远了，有时又担心忘记关车门了，此时去回忆、分析还真搞不准，需要回去看看才能确定，有时还真会忘记关车门了。再如我开车时怀疑手刹没放下，虽然看到手刹灯灭了（手刹灯灭说明手刹已经放下），但是眼睛看到了并不等于理智上就相

信了，需要反复确认才会安心。

4. 情绪对强迫行为有影响

越放松平静，强迫行为出现的频次和强度越少；越紧张焦虑，强迫行为出现的频次和强度越多。在放松、平静的状态下，人的思维敏捷、感觉确切，所以容易消除怀疑；而紧张、焦虑等情绪会干扰人的思维、感觉，不容易确信。所以，保持放松平静是很重要的。另外，在疲劳困倦的时候强迫症状出现的可能性也会增大。

5. 如何治疗强迫行为

第一步是接纳。如果能接纳强迫行为或思维，不因此而紧张焦虑，就没有反强迫，那么严格来讲，这就不是强迫症。比如，有洁癖的人如果只担心手不干净，反复洗手，心情平静，没有反强迫，这就不是强迫症。我曾经有过多种强迫行为，幸运的是一直能够接纳，平静对待，所以虽然强迫行为让人不舒服，对生活有所干扰，但我一直没有因此产生痛苦或焦虑。

如何做到接纳？首先要理解强迫症是正常心理规律的产物，并不是什么神秘可怕的东西。另外，要知道改善可能需要较长的过程，比如一个月、几个月或者几年，不可能很快消失，所以，我们需要先带着它一起生活。

如果不能接纳，为此而痛苦焦虑，急于摆脱，出现反强迫，那么就会成为真正的强迫症，改善就会更困难和更慢一些。

第二步是慢慢等待习惯性怀疑的消失。既然是一种习惯性出现的怀疑，那么如果经常不出现，也就逐渐消失了。在接纳之后，心情放松平静，至少不会强化这种行为，可能自然会消失；另外，偶尔可以适当克制自己不去反复验证，克制时会感到一种紧张感（驱力），此时可以去转移注意力，过一会儿驱力可能会自然消失，也就不继续验证了。如果经常能做到，习惯性怀疑可能会逐渐消失。不过，也不要勉强自己克制，如果还想验证就顺应自己的想法，这样更自然。

此外，当怀疑出现时，可以用简单明确的方式让自己确信。 比如，我怀疑手刹没有放下时，会看看仪表盘之后告诉自己"手刹灯没亮"，这种方式对消除怀疑比较有效。以前担心兜里的钥匙在不在，在摸了一下之后会告诉自己：钥匙在，即使丢了也没什么。这样，可能就不会反复检查。这也是认知咒语的应用。

通过这些方法，怀疑会慢慢减少，应对也会越来越轻松，逐渐，强迫性行为就不再习惯性地出现。即使偶尔出现，由于有应对之道，也不会有太大的影响。

比如，对于反复检查手刹的强迫行为，我第一步就是接纳，怀疑了就去检查；同时也淡化后果的严重性，因为一般来说，手刹没放下，十几秒后也会有声音的提示，所以一般不会有严重后果。如果我还想检查，看过之后就和自己说"手刹灯没亮，所以没事"，这样就容易停止反复检查。如果还有驱力，可以忍耐克制一下，一会儿驱力可能自然消失。这样经过了一个月，怀疑就会慢慢不大出现了，即使偶尔出现也影响不大。

一位来访者十几年前因为强迫症在我这里咨询，这是他写给我的一篇总结体会。

从强迫症的痛苦中重生

2000 年左右我有了强迫症，那时的我追求完美，事事要求尽善尽美，目标也定得很高，但因为个人能力有限，我往往达不到自己的要求，所以经常陷入自责之中。那时的我不懂得如何调节心理，时间久了，我的压力越来越大，出现了强迫症状。之后我高考发挥失常，没有考上大学，我从心里觉得愧对含辛茹苦把我养大的父母，也很困惑付出了那么多努力，结果怎么会是这样呢。那时我的心情很是低落和痛苦。高考之后，一个偶然的机会我见到了维尼老师，之后的几年里在老师的帮助之下，我的心理状况慢慢有了很大的改观，很多问题得到了解决。

我深受成功学的影响，比如人生目标定得很高，想象自己应该有一番很伟大的事业，认为如果考不上大学，人生就是灰暗的，这导致我的心理容易出现问题。维尼老师帮助我慢慢改变那些不合理的认知，学习新的思维模式，比如努力之后顺其自然，做自己能做的事情、三种思维等。认知改变了，我就不那么容易低落和痛苦了。

学会心理调节也很重要。我当时不仅仅有强迫症，也有抑郁症，情绪经常低落，感到很痛苦。维尼老师建议我多去主动调节情绪，我学会了在出现问题或情绪不佳的时候，通过看电视、看书、打篮球等活动转移注意力，尽量不去和那些念头纠缠在一起。我也学会了一些应对问题的方法。比如有一次，我喝了一瓶乙肝患者喝过的啤酒，事后我感到很担心，为此不知所措，又开始出现强迫症状，后来我用了维尼老师的"一般没问题，实在有问题，听天由命"等改变认知的方法，逐渐消除了担心。

我以前有一种强迫性思维：怀疑现在的世界是虚幻的。这困扰了我很长时间。当时我感觉很难受。维尼老师说这其实也是正常的，可以理解。他建议我先接纳这种念头，带着它去生活，这样就不那么痛苦了。在感到痛苦的时候首先去转移注意力，调节情绪，情绪平静的时候再去说服自己，改变自己的认知。虽然会经常有反复，但是感觉还是在慢慢好转，放松平静的时间越来越多，强迫行为影响我的强度越来越小、持续时间越来越短。现在虽然偶然还会有这种念头，但已经基本不会影响到我了。

现在我反思为什么会出现这些问题，起初是因为我的认知有问题，后来才会出现情绪问题、强迫症状，最终导致问题很严重。慢慢调节自己的情绪，改变自己的认知，才能逐渐好转。原来的问题根深蒂固，问题也比较复杂，所以改变的过程很漫长。现在虽然还有一些问题，但我会继续努力成长，相信会越来越好。

O3 | 克服恐惧，
需要方法

认知疗法应用广泛，但是对恐惧、害怕有时效果不太大，克服恐惧和害怕，更适合运用系统脱敏法。

我在大学时擅长体操，身手矫健，单杠、双杠都是全校前几名的水平，可是我对跳马却有一种莫名的害怕，助跑到纵马前就不大敢跳了。为什么会这样？搞不清楚，同学也奇怪，其他项目上我的胆子都挺大，怎么到了跳马就不敢了？鼓励自己也是没用的，这是一种习惯性的恐惧，不受意志和理性的控制。

不久就要全校体操比赛了，我还报名参加了全能比赛，跳马是必须跳好的，怎么办？

我开始循序渐进地克服这种莫名的害怕。从简单的、不大恐惧的起点开始训练，能够轻松平静地完成后再逐步加大训练的难度，每一步都是我不太害怕的。我首先练跳山羊，开始我也有些害怕，那就先让跳板近一点，完全不怕后就把跳板拖远点，直到距离达到了标准，能轻松地完成跳山羊的动作了。之后再练"横马"，距离也是循序渐进。最后再练"纵马"，也是距离由近到远，最后在很远的距离上腾空跃起也不害怕了，而且我动作飘逸，引起了同学们的赞叹。最终我在全校体操比赛中的跳马项目上荣获冠军。

多年之后，我才知道这个方法就是系统脱敏法。

系统脱敏疗法又称交互抑制法，是由美国学者沃尔帕创立和发展的。这种方法主要是诱导求治者缓慢地暴露出导致神经症焦虑、恐惧的情境，并通过心理的放松状态来对抗这种焦虑情绪，从而达到消除焦虑或恐惧的目的。如果一个刺激所引起的焦虑或恐怖状态在求治者所能忍受的范围之内，经过多次反复的呈现，他便不再会对该刺激感到焦虑和恐怖，治疗目标也就达到了。这就是系统脱敏疗法的治疗原理。

简单来讲，就是循序渐进地提高难度，每一步都是不太恐惧，用逐渐适应的方式克服恐惧。

有时孩子也会有一些胆小害怕的时候，比如不敢骑自行车、怕黑、不敢独自滑滑梯等。害怕是莫名的，不是凭意志就能克服的，此时一般不必逼迫孩子克服，可以先适当帮助、陪伴孩子，逐渐放手，让孩子在不知不觉中克服恐惧。比如，孩子晚上起来不敢独自去洗手间，那么就先陪伴一下，慢慢孩子就敢去了；孩子不敢骑自行车，就先扶着她骑，慢慢减少参与的程度，最后孩子就敢自己骑了。我女儿五六岁的时候不敢独自在少年宫上课，前几次我就先坐在她的身边，后来坐到她的身后，之后坐在教室最后面，最后坐十几分钟再出去，慢慢孩子就适应自己在教室上课了。

04 ｜ 摆脱
失眠的阴影

如何预防和应对失眠呢？

首先可以从生理状态入手。不妨在白天或晚上多运动一下，积累一些疲乏的感觉；睡觉之前避免做兴奋的事情；睡前也可以洗个热水澡，让自己放松下来。这些措施都有助于安然入睡。

有的人为了睡眠好，会早早躺下，如果此时没有困意，不容易入睡，在那里思来想去，反而更睡不着。不如看看书，等有些瞌睡了再睡，效果更好。

有些人担心睡不着，所以着急入睡。而入睡需要一个放松、平静的状态，越着急，越怕睡不着，就越不容易入睡。其实这夸大了失眠的影响。事实是虽然睡眠不足会影响第二天身体和精神的状态，但是如果心情比较平静，那么少睡几个小时影响并不太大。如果内心焦虑不已，那么第二天受到的影响才会比较大。所以，可以应用一句认知咒语：睡不着就睡不着吧，顺其自然。这样心情会平静些，也不去担忧能不能睡着，反而容易入睡。

另外，可以采用转移注意力的方式，避免想得太多。比如可以听着电视节目入睡，也可以打开"喜马拉雅"或"荔枝"等音频分享平台，找一个适合的节目，比如《晓说》和《随口说美国》《静说日本》等，这些节目既有知识也有趣味，听起来轻松平静，可能不知不觉中就入睡了。即使一时睡不着，感觉有收获，也会平静些。

如果已经有些兴奋，可以采用想象放松的方法：从脚趾开始，先想象脚趾是个气球，慢慢漏气（或者想象漂浮在热水里），这样脚趾感觉就放松了。之后依次自下而上慢慢想象放松，脚腕，小腿，膝盖，大腿，臀部，腰，肚子，胸，手掌，小臂，上臂，肩膀，下巴，嘴巴，鼻子，眼睛，头。其中头部要重点、慢慢地放松。如何想象放松可以根据自己的喜好，每个放松步骤的时间也可以自己灵活设定。这样一来，注意力在身体上，就避免了胡思乱想，放松的状态也会帮助我们不知不觉就入睡。

克服失眠也是一个系统工程，需要从生理、情绪、认知、习惯等多个角度综合解决问题。

05 | 如何解决
紧张性头痛

　　这是一个压力倍增的时代，应对不当，学习压力、工作压力会让人喘不过气来。另外，由于成功学、励志课程的流行，很多人过于执着、上进，容易紧张、焦虑，过于勉强自己，导致经常疲劳，长此以往，容易患头痛，严重影响学习、工作。紧张性头痛是目前最常见的头痛类型，困扰约90%的患者。这种头痛主要表现为头部、颈部、肩部、背部肌肉紧张，导致头部疼痛、胀痛、紧箍感，没有晕眩、呕吐等症状，可能持续几十年。

　　我曾患有紧张性头痛。高三时我把每一次模拟考都当作高考来练习，有意让自己精神紧张、兴奋起来，头脑高速运转，即使累了也要做完。所以，做完之后我会很劳累，时间久了，就患上了紧张性头痛，严重影响我十余年。不过，这也给我提供了深入、持续研究的机遇。

　　下面谈谈对紧张性头痛的认识和治疗的方法，主要基于我自己的经验。

　　首先要理解紧张性头痛的机制。紧张性头痛是一种身心疾病。从生理来讲，开始并没有器质性的病变，头、颈、肩、背部肌肉紧张是头痛的主因，时间久了，由于经常紧张，所以肌肉也会有一些损伤、疼痛。这是一种肌肉的习惯性紧张，情绪的波动、用脑习惯不合理都会习惯性地引起肌肉紧张，而且往往是头颈肩背的肌肉群全部紧张，互相影响，会持续几个小时甚至几天，难以放松下来。肌肉紧张会造成头痛、胀痛、紧箍感，这又会引起紧张、焦虑、烦躁，而且用脑也难以从容舒缓，从而进一步导致肌肉持续紧张，形成恶性循环，难以摆脱。

所以，紧张性头痛主要受到情绪、用脑行为、肌肉紧张三个因素的影响，它们之间也会相互作用。

从情绪来看，紧张、焦虑、烦躁、急躁、兴奋、激动等情绪都容易引起肌肉的习惯性紧张，所以，要力争做到情绪平静以避免肌肉的紧张。

从用脑行为来看，过于节约时间，过度重视提高效率等不符合用脑规律的习惯容易导致肌肉习惯性紧张，所以，需要养成良好的用脑行为习惯。

肌肉紧张形成后，自动持续，产生不适感，会引发情绪的波动，用脑行为更加难以控制。而且此时会更加敏感，轻微的情绪波动或者稍微不合理的用脑行为就可能会引发进一步紧张。

另外，头痛、胀痛、紧箍感会让人不由自主地关注这些症状，而这本身就会进一步导致情绪的紧张焦虑。所以，越关注、越在意，肌肉紧张就越难以摆脱。

所以，治疗紧张性头痛，需要从多方面入手，采取综合解决方案。

患有紧张性头痛之后，对情绪的波动比较敏感，所以最好能保持平静的心态，减少各种情绪波动。认知疗法是培养平静心态的好方法，这时，既需要改变核心思维，又需要转换具体的习惯性思维，成长和改变是一个长期的过程，这也是本书的主题。

在情绪已经出现波动时，最好是停下来，去转移注意力以调节情绪。不然，情绪会持续，在这种条件下，也难以轻松自然地用脑。

不合理的用脑行为自然容易导致疲劳，也会引起情绪的紧张和烦躁，从而引发肌肉的紧张。所以，需要改变用脑的习惯。比如，从容放松一些，不要急着用脑，不要追求速度和效率，慢慢来；一次只做一件事，只思考一种内容，让自己轻松专注一些；累了就要休息，不要勉强继续；不要过于节约时间；只在适合的场合下用脑……

但是，由于习惯性思维的作用，这些行为不是想改变就能改变的，需要去一一分析其根源，好好说服自己才可以。这也是在前面所探讨过的。

肌肉已经紧张，就形成了情绪、行为、肌肉紧张的恶性循环。所以，此时最好是先休息，去专门调整。

如果头痛比较严重，此时按压头部，会发现多个部分有痛感，说明生理上暂时有问题，从中医理论来看，痛则不通，肌肉、组织等处不通畅。可以适当服用治疗止痛药物（比如散列通），有助于缓解头痛；同时可以大量地喝热茶、热汤，促使出汗，有助于通畅；最后可以躺在床上，把筋膜球放在头的下面滚动，会起到按摩、放松头部、颈部肌肉的作用，促进头痛较快好转。

如果头痛不严重，可以采取运动等方式来促进情绪的改善和肌肉的放松，运动也有助于全身的通畅，通则不痛。

另外，可以采用按摩的方式，直接来放松头、颈、肩、背的肌肉。全身的放松，对于这些部位的放松也有帮助。此外，汗蒸、沐浴等方式也有助于缓解肌肉的紧张。游泳是一种很好的全身放松方式，全身肌肉良好的放松，有助于摆脱头痛。

另外，保持充足的睡眠和休息也是很重要的，帮助身体处于良好的状态，有助于减少肌肉紧张。渐渐地，放松的时间会越来越多，肌肉也会记住这种感觉，慢慢地会习惯于放松。长期的肌肉紧张，往往会伴随肌肉的损伤，引起生理性的疼痛，此时，可以寻求中医治疗。

一般来说，头痛会持续很长时间，短期内难以改变，所以，只能带着它一起生活。过多的关注，为之紧张、焦虑、沮丧，只能加剧肌肉紧张。接纳之后，可能会逐渐不大去关注了，也就减少了部分紧张的来源。

一位老师的故事：

通过认知疗法，改变紧张性头痛

我患有头痛很多年。工作后有了孩子，我的压力越来越大。家庭里矛盾很深，我的脾气也愈加暴躁。那时，我会把怨气发泄在孩子身上，孩子开始抽动。那段时间，我抑郁、焦虑、失眠、脱发，头痛也达到了前所未有的程度。

后来我认识了维尼老师，每天看老师的文章，尤其是维尼老师介绍的认知疗法，让我醍醐灌顶，原来是我的认知出现了问题啊！每次头疼，并不是事情本身让我头痛，而是对事情的看法让我头痛。例如：每次做公开课，其实不是备课的过程让我难受（我对此还感到享受），而是对公开课的不合理认知让我担心和焦虑。我认为领导给了机会是肯定我，只能赢不能输；如果效果不好就是给领导丢人、给学校抹黑，就完蛋了，所以压力陡增。

我追求完美，以及要强、急躁的性格也是加剧头痛的原因。我总要求尽善尽美，不能出差错，总是苛求自己，想马上就解决问题，所以经常搞得过度疲惫，而此时就更容易被激怒，发脾气，导致头痛。后来，在心情烦躁时，我就会看维尼老师的文章，尤其是"放下过多的执着，心才能静下来，才能有智慧去处理好事情"这句，会让我轻松很多，心就会慢慢静下来。

原来，我总感觉生活对我不公平，心理不平衡，认为我为了生活付出太多、牺牲太多，我总是抱怨。后来，当我向原单位提出辞职时，领导给了我很多帮助，这深深地感动了我；换工作期间，老公和孩子也给了我很大的支持；来到新单位后，我也得到了同事的帮助。这些都让我懂得了感恩，慢慢地我的抱怨少了，心情平静了。

现在我学会用三种思维来重新看待事情了，也有了一个口头禅——办法总比问题多。有了这些习惯性思维，我放下了很多顾虑，轻松了很多。我身边的人也感到了轻松。在这样的良性循环下，头痛也在逐渐地远离我。

06 | 别被轻易 扣上精神疾病的 帽子

　　精神分裂症听起来可怕，但更可怕的是，本来不是精神分裂症，却被诊断为精神分裂症。虽然精神分裂症有严格的诊断标准，但是目前精神科医生水平参差不齐，部分医生可能根据出现幻听、幻觉、妄想等症状，就轻率地诊断患者为精神分裂症。

　　其实，有时所谓的幻听可能是一种正常的心理现象。比如很多人可能会有这样的经历：手机铃声没响，却好像听到铃声响了。一个正常人，在剧烈的情绪、很大的压力之下，会出现各种看似奇怪的症状，其中包括幻听、幻觉、妄想。

　　有一位军官知道可能会被安排转业，她无法接受，压力很大。那段时间，她出现了一些症状，总觉得别人在议论她，看到别人开会就觉得是在研究她转业的事情。但事情过后，她很快就正常了。

　　还有一位来访者可能有一些钻牛角尖，容易情绪激动，医生认为这是偏执，诊断他为精神分裂。这样的标签给了他很大的压力，真的感觉自己要疯了。其实他思维很清晰，我给他做疏导，他的情绪慢慢平静下来。后来他又去北大六院，权威专家明确告诉他：他的思维很正常，肯定不是精神分裂，他才卸下了这个包袱。

　　一位高中的孩子很叛逆，有段时间情绪波动剧烈，也自述出现幻觉的症状，妈妈很担心，把她送到精神病院门诊，医生只根据幻觉这个症状就马上诊断为精神分裂，住院两周。但是后来医院专家查房，明确诊断为情绪障碍，不是精神分裂。而这两周的经历却给孩子留下了难以磨灭的伤痛。

一位高一的学生陷入抑郁的情绪之中。去省精神病院，医生听了孩子自述的一些表现，没有详细询问其具体表现，没有探究原因，就诊断为有精神症状，建议住院治疗。我和孩子进行了交流，发现他的思维很清晰、正常，某些所谓的精神症状是可以理解的。比如，他有时觉得好像脑子里有声音在和他对话，觉得脑子被控制了，这其实可能是驱力和意志的斗争，或内心矛盾时两种思想的斗争，是正常的，并不能判断为幻听。所以，我建议不要住院，后来通过我的心理咨询，孩子的心理状况越来越好。如果当时按照精神症状住院，一场悲剧就发生了。

一场噩梦终于结束

今年三月份，儿子被一所大专院校录取了。收到录取通知书的那一刻，我真是百感交集，为他恢复了阳光健康的状态而感到欣慰。噩梦终于结束了，我们一家迎来了曙光。

三年前儿子初中毕业，由于中考成绩不理想，没有考上理想的高中，整个暑假我的心情极差，经常跟他发脾气，情绪完全失控，给孩子造成了很大的压力。他也知道自己没考好，所以对我的打骂一直在忍受。其实他也很不高兴，只是性格内向，说不出自己的感受，所以一个暑假都在我的不良情绪下度过，这酿成了后来的噩梦。

高中开学之前，学校组织学生到军事基地去军训八天。结束后回家，我就发现他情况不对。孩子出现了自言自语的状况，说军训时有的同学嫉妒他军姿站得好，背地里说他坏话了。他还出现了幻听幻觉，总觉得有高中同学在家附近，总是说楼下有同学在说他坏话。看到这种情况，我和他爸爸当时就傻掉了，手足无措，只能让他宣泄委屈和痛苦。本以为第二天会转好，可是状况依旧，一直持续了十天左右。后来我找到维尼老师咨询，才知道孩子太压抑了，无法释放，才导致这些状况出现。

维尼老师说，这种情况虽然看起来像精神症状，但是正常人在压力很大的情况下也会出现类似症状，所以，可能是暂时的。首先要把精力放在调节孩子的情绪上，情绪好了，症状可能会慢慢消失。另外，长期来讲，需要改变教育方式，不要给孩子施加那么大的压力，创造宽松的家庭环境，再慢慢改变孩子敏感的性格，这样问题就会慢慢解决了。

反思自己，我是个特别强势的妈妈，没有理解和尊重孩子，给了孩子太多的压力，才造成了现在的状况。我的心情慢慢平复下来，重新审视自己，去学习运用维尼老师的教育理念和方法。

我开始给自己和孩子减压，先接纳现状，以平和的心态和孩子友好相处，紧张的亲子关系不知不觉中缓和了很多。他也有了很大改变，愿意和我说学校发生的事情，做事情也能够商量着来。慢慢地，幻觉、幻听、妄想等症状慢慢消失了。现在，我对孩子的管理比较宽松，只要比较合情理，我会尽量去满足他，不急于求成，学会顺其自然！

认知疗法和三种思维对于调节我和孩子的情绪效果不错，孩子逐渐不那么敏感和内向了。

两年时间过去了，通过改变教育方式，我和孩子都获得了新生。现在，我和孩子的关系特别融洽，家庭气氛也变得温馨和谐，孩子能够感受到来自父母的包容、理解和真心疼爱，经历了风雨的洗礼，孩子的性格也开始变得开朗阳光。在学校，孩子和老师、同学相处得非常好；在家里，孩子能够帮助我做力所能及的家务活。最重要的是，他思考问题、解决问题的方式不再偏激。阳光总在风雨后，经历了那么多，孩子重新开启了美好的人生。

AFTERWORD

后记 | 认知变，
世界变

一位内心痛苦的妈妈明白了要爱自己："我知道每个人都有存在的价值，即使现在的我一事无成，即使全世界的人都不爱我，我也要好好地爱自己。"这让她的心平静下来，生活和婚姻也有了起色，但是几个月后她又陷入痛苦之中不可自拔。

为什么会这样？这是因为虽然她知道应该爱自己，但是很多习惯性思维并没有随之改变，依然在影响着她，所以她还是做不到善待自己。

所以，爱自己说起来简单，但只有——转换习惯性思维之后，才能与自己和平共处。

放下对自己过高的要求，不过于追求完美，放下过度的执着，努力去做，对结果顺其自然，紧张和焦虑自然离你而去。

做自己能做的事情，不要太勉强自己，尽力之后，顺其自然，这样就卸下了不必要的压力。

理解自己，知道哪些是正常的，就做到了对自己宽容一些，不苛求自己。

接纳自己，安然看待自己的好与不好，着眼于未来慢慢成长，这样就能与自己和平相处，欣赏别人，安然做自己。

学会三种思维，从容淡定地面对挫折、不顺利，就收获了幸福自在。

学会不二法门，懂得事情之间的差别并没有想象中的那么大，自然就容易放下执着。

清楚地知道自己的优点，勇敢承认自己的不足，接受真实的自我，这样就远离了自卑。

学会理直气壮，从而有底气，就不会过于在意别人的评价和眼光。

学会理解别人，不过于较真，就能从人际关系的痛苦中解脱。

自然而然地说话，像平常一样与人相处，放松下来，在交往中就能展现真实而美好的自己。

车到山前必有路，兵来将挡，水来土掩，这样就放下了对未来过多的担忧。

学会负有限的责任，放下过多自责，才有力量继续前行。

照旧去生活，依然去追求，不舍弃目标和欲望，保留那份本真，不需要无欲无求，不必脱胎换骨，只要转换认知，就能学会爱自己，获得幸福自在。

认知变，情绪变，世界变。

图书在版编目（CIP）数据

内心的重建 / 维尼老师著 . -- 长沙 ：湖南文艺出版社，2021.7

ISBN 978-7-5726-0199-6

Ⅰ. ①内… Ⅱ. ①维… Ⅲ. ①心理学—通俗读物 Ⅳ. ①B84-49

中国版本图书馆 CIP 数据核字（2021）第 092883 号

上架建议：心理自助

NEIXIN DE CHONGJIAN

内心的重建

作　　者：	维尼老师
出 版 人：	曾赛丰
责任编辑：	吕苗莉
监　　制：	邢越超
策划编辑：	刘　筝
特约编辑：	万江寒
营销编辑：	文刀刀
版式设计：	潘雪琴
封面设计：	王左左
出　　版：	湖南文艺出版社
	（长沙市雨花区东二环一段 508 号　邮编：410014）
网　　址：	www.hnwy.net
印　　刷：	三河市中晟雅豪印务有限公司
经　　销：	新华书店
开　　本：	680mm×955mm　1/16
字　　数：	297 千字
印　　张：	19.5
版　　次：	2021 年 7 月第 1 版
印　　次：	2021 年 7 月第 1 次印刷
书　　号：	ISBN 978-7-5726-0199-6
定　　价：	52.00 元

若有质量问题，请致电质量监督电话：010-59096394

团购电话：010-59320018